Dienst am Wort

Die Reihe für Gottesdienst und Gemeindearbeit

89
Unentdeckte Feiertage

Vandenhoeck & Ruprecht
in Göttingen

Unentdeckte Feiertage

Das Kirchenjahr
als Fest des Glauben

Herausgegeben von
Hans-Helmar Auel

Vandenhoeck & Ruprecht
in Göttingen

Die Deutsche Bibliothek – CIP-Einheitsaufnahme

Unentdeckte Feiertage : das Kirchenjahr als Fest des Glaubens /
hrsg. von Hans-Helmar Auel. –
Göttingen : Vandenhoeck und Ruprecht, 2000
(Dienst am Wort : 89)
ISBN 3-525-59353-8

Umschlagabbildung:
Genesis I. 9–13, Fol. 8 ra Historia c. 5;
Biblioteca Apostolica Vaticana.

© Vandenhoeck & Ruprecht, Göttingen 2000. Printed in Germany.
http://vandenhoeck-ruprecht.de
Ohne ausdrückliche Genehmigung des Verlages
ist es nicht gestattet, das Buch oder Teile daraus
auf foto- und akustomechanischem Wege
zu vervielfältigen.
Satz: Dörlemann Satz, Lemförde
Druck und Bindearbeiten: Hubert & Co., Göttingen

Inhalt

Die Autoren

Hans-Helmar Auel, Pfarrer in Harle

Hans-Gerrit Auel, Vikar in Kassel-Brasselsberg

Gundula Bolz, Klinikpfarrerin in Kassel

Frank Bolz, Katechetischer Studienleiter am Pädagogisch-Theologischen Institut in Kassel

Lothar Grigat, Dekan in Homberg

Susanna Petig, Pfarrerin in Gensungen

Martina Schmidt, Doktorandin in Lausanne

Barbara Ullrich, Pfarrerin in Wassmuthshausen

Vorwort

Mit dem Buß- und Bettag hat alles angefangen. Genauer mit der Abschaffung des staatlich geschützten Feiertages in fast allen Bundesländern. Und mit dem verschwiegenen, kaum wahrnehmbaren Agieren der Kirchenleitungen. Das Kirchenvolk engagierte sich. Unterschriften wurden gesammelt. Manchmal reichte es zum Volksbegehren, manchmal nicht.

Die Kreissynode unseres Kirchenkreises Homberg hat sich mit dem Problem befasst. Es kam zu Trotzreaktionen. Gleich, ob staatlich geschützt oder nicht, wir feiern weiter Bußtagsgottesdienste. So also fing es an. Dann trat hinzu ein Nachdenken über die kirchlichen Feiertage und über den Sinn eines staatlichen Schutzes. Im Gespräch entdeckten wir, wie viele „Feiertage" uns im Laufe der Zeit verloren gingen. Und mit ihnen ein Stück „Heilsgeschichte". Zu dem Bemühen, den Sinn kirchlicher Feiertage aufzudecken, trat ein Interesse an dem Kirchenjahr, wie wir es begehen. Ist das Kirchenjahr das Begehen der Heilsgeschichte Gottes, was geschieht dann, wenn wir einzelne Schritte im Kirchenjahr nicht mehr gehen? Auf welche Schritte können wir verzichten und welche müssen wir neu wagen?

So ging unser Kirchenkreis in Klausur. Auf einer Konventsfreizeit haben wir uns dem Kirchenjahr und den von uns so genannten „Vergessenen Feiertagen" angenähert. Daraus entsprungen ist ein vertieftes Nachdenken über solch vergessene Feiertage. Und vor allem ein Fragebogen, der an alle Pfarrer unserer Landeskirche Kurhessen – Waldeck geschickt wurde. Wir wollten wissen, welche Feiertage in welcher Gemeinde noch gefeiert werden. Über 200 Fragebogen erhielten wir zurück. Darunter einen mit dem Vorschlag, von „Verschütteten Feiertagen" zu sprechen, um die Mühe anzuzeigen, die im Entdecken und Aufdecken liegt.

Mit dem Kirchenjahr haben die protestantischen Kirchen

einen Schatz bewahrt, den es lohnt zu heben. Wir werden beim Begehen dieser Heilsgeschichte Gottes auf „heilige Zeiten" stoßen. Wir werden sehen, wie viel an theologischen und religiösen Vorstellungen in die Profanität auswanderte, weil wir unser kirchliches Handeln im Kirchenjahr ohne Not von staatlicher Fürsorge abhängig machten. Wir werden sehen, welche Kraft im zyklischen Geschehen des Kirchenjahres schlummert. Dieses Buch ist eine Einladung zum Mitsuchen, um das Unentdeckte aufzudecken.

War einmal geplant, dieses Buch „Vergessene Feiertage" zu nennen oder gar „Verschüttete Feiertage", so würden diese Worte doch nur das Vergangene beklagen. In dem jetzt gewählten Titel „Unentdeckte Feiertage" ist der spannende Weg aufgewiesen, der Heilsgeschichte Gottes zu folgen.

Bei unserer Arbeit waren wir froh, auf das Buch von Karl-Heinrich Bieritz, Das Kirchenjahr, BsR 447, München 1994 zurückgreifen zu können. Ein Dank gilt den Pfarrinnen und Pfarrern, die mit den Fragebögen ein Stück ihrer Praxis uns mitteilten. Dank auch den Mitarbeitern, die manch neuen Weg probierten. Frau Renate Hübsch, die Lektorin, hat das Entstehen dieses Buches einfühlsam begleitet.

Das Sonntags-Christentum

Kirchliche Feiertage in Kurhessen-Waldeck

Ergebnisse einer Umfrage über die Begehung der Feiertage

Bei einer Fragebogen-Aktion aus dem Jahre 1997 („Welche kirchlichen Feiertage begehen wir eigentlich noch?") wurden alle Ortspfarrer über ihre Dekane gebeten, anzugeben, an welchen Sonn- und Feiertagen in ihren Gemeinden Gottesdienste stattfinden. Von rund 800 Pfarrern haben exakt 209 geantwortet – und von diesen 209 zurückgegebenen Fragebögen sind 164 sehr sorgfältig ausgefüllt worden. Diese Tatsachen sollten ein einigermaßen aufschlussreiches Bild über die Gottesdienst-Praxis in der Landeskirche Kurhessen-Waldeck ergeben – und eventuell auch auf Tendenzen außerhalb dieser Landeskirche hinweisen.

Gottesdienst ist Sonntag um 10.00 Uhr. Das ist zunächst einmal nichts Neues – eine Tatsache und ein Klischee zugleich. Die moderne evangelische Gottesdienst-Praxis richtet sich nach den Erwartungen und Bedürfnissen der Gemeinde, und „Gemeinde" heißt Gottesdienst-Besucher. Ein Ergebnis der Umfrage, die vom Kirchenkreis Homberg 1997 initiiert worden ist, lautet, dass es das wesentliche Anliegen der evangelischen Kirchengemeinden ist, dass Liturgie nicht veraltet erscheinen, sondern dem Lebensgefühl der Gottesdienst-Besucher entsprechen soll. Kundengerechte Anpassungsfähigkeit ist das Ziel.

Ein besonderer Feiertag, der stets auf den Sonntag fällt, wie Trinitatis oder der Ernte-Danktag, wird regelmäßig gefeiert – in nahezu allen Gemeinden der Landeskirche. Ein Feiertag wie Epiphanias aber, der auf einen wechselnden Wochentag fällt, da er auf einem festen Kalendertag liegt, fällt in 59 % aller Kirchengemeinden gänzlich aus. Bemerkenswert daran ist, dass der 1. Sonntag *nach Epiphanias* aber wieder gefeiert wird. So wie die Sonntage nach Trinitatis von Trinitatis her zu denken sind, so sind die Sonntage nach Epiphanias vom Erscheinungsfest her zu denken. Weshalb aber lässt man Epiphanias dann einfach so entfallen? Nur weil es nicht auf den Sonntag fällt? Und warum feiern diesen Festtag dann doch alle, wenn er einmal auf einen Sonntag fällt? Das zusammenfassende Ergebnis der Fragebogen-Auswertung lässt folgenden Schluss zu: Entscheidendes Kriterium, ob ein Gottesdienst an einem Feiertag stattfindet oder nicht, ist die Tatsache, dass dieser Tag auf einen arbeitsfreien Tag fällt, also auf einen kirchlichen oder staatlichen Feiertag. Werktag und Gottesdienst – damit können sich viele Vertreter der evangelische Kirche offensichtlich (noch) nicht anfreunden.

Das Noch in Klammern hat seinen Grund. Denn entgegen dieser Regel findet ein Gottesdienst zum Buß- und Bettag weiterhin fast überall in der Landeskirche statt. Man hat den Bußtags-Gottesdienst zwar in den meisten Fällen von der Arbeitszeit weg (also kein 10.00-Uhr-Gottesdienst) hinein in die Abendstunden verlegt, aber ausfallen lässt man ihn nicht. Weshalb? Weil der Gottesdienst-Besucher noch am Buß- und Bettag hängt? Weil der Bußtag so wichtig für uns Protestanten ist? Oder weil wir mit diesem Gottesdienst am Werktag protestieren wollen gegen die Abschaffung des Feiertags aus staatlicher Sicht?

Eine endgültige Interpretation bezüglich des Gottesdienst-Verhaltens am Buß- und Bettag ist aus jetziger Sicht noch nicht zu leisten. Zu sehr greifen die von mir eben genannten Fragen ineinander über. Zu groß ist noch immer die Enttäuschung über die Streichung dieses einst arbeitsfreien Tages.

Dabei zeigt die protestantische Reaktion auf die Abschaffung des arbeitsfreien Bußtags, dass es möglich ist, an einem kirchlichen Feiertag Gottesdienst zu feiern, auch wenn andere arbeiten oder an diesem Tag ein Werktag ist. Hierin kann eine große Chance für die evangelischen Christen liegen, eine Neuorientierung zu finden: Nicht mehr nur auf staatlich geschützte Tage zu schielen, wenn man einen Gottesdienst plant, sondern auf den eigenen Kalender zu blicken und die Gottesdienste dann zu feiern, wenn sie anstehen. „Feste soll man feiern, wie sie fallen", meint der Volksmund nicht zu Unrecht.

Selbstverständlich geht vieles nicht von heut auf morgen, und wenn man sich die unten stehenden Zahlen ansieht, gibt es kaum Grund, optimistisch zu sein; doch die Möglichkeiten, die das Kirchenjahr bietet, sollten meines Erachtens nicht aus bloßer Gewohnheit unbeachtet bleiben.

Das Weihnachtsfest etwa ist nicht zu reduzieren auf 2 Feiertage. Erstens gab es noch im 19. Jahrhundert 3 Feiertage (wie an Ostern und Pfingsten), und zweitens dauert die Weihnachtszeit bis zum 6. 1. Feiertage wie Unschuldige Kinder, Namengebung Jesu und Epiphanias könnten das verdeutlichen. Auch die Feste, die in Verbindung mit dem Weihnachtsfest stehen – wie Johannis als Gegenüber zur Christnacht und Lichtmess (Darstellung des Herrn) als Folgefest – könnten zusätzliche Bedeutungsnuancen des Weihnachtsfestes wieder ins Bewusstsein bringen.

Während der Reformationstag in 33 % der Gemeinden am 31. 10. und in 37 % am folgenden Sonntag gefeiert wird und damit seinen Sitz im Leben weiterhin hat, steht es um Epiphanias (in 6 % der Gemeinden gibt es am Festtag einen Gottesdienst), Johannis (3 %) und Michaelis (11 %) bedeutend schlechter.

Fast verschwunden ist das Wissen um den Tag der Ankündigung der Geburt des Herrn (94 % ohne Gottesdienst), den Tag der Apostel Peter und Paul (94 %), den Tag der Heimsuchung Mariae (98 %) und den Gedenktag der Heiligen (94 %). Ebenfalls schlecht steht es um den Tag der Namengebung Jesu, der von 96 % nicht begangen wird. Hier stehen außerdem die Neujahrsfeierlichkeiten und die Jahreslosung dagegen.

Der Gründonnerstag allerdings lebt. Meistens in Abend-Gottesdiensten feiern die Christen die Einsetzung des Abendmahls und erleben das Leid Jesu im Garten Getsemani. In 4 von 5 Gemeinden gibt es am Gründonnerstag einen Gottesdienst.

Das zeigt, dass es möglich ist, auch außerhalb der 10.00-Uhr-Marke am Sonntag Christen zum Gottesdienst einzuladen. Die Frage ist, ob wir das wirklich wollen und wie viel Kraft wir darein investieren, zu vermitteln, was Gottesdienst ist und welche Bedeutung die Feste haben.

Einige wichtige Ergebnisse der Fragebogen-Auswertung:

Tag	G. findet statt	G. findet manch- mal statt	G., wenn Sonn- tag	G. wird verlegt	G. findet nicht statt
Stephanus	10 + 4	1		1	84
Unschuldige Kinder	4	0,5	2	3	90
Namengebung Jesu	0+2			1	96
Epiphanias	6	2		33	59
Lichtmess			2	5	92
Aschermittwoch	7			1	92
Ankündigung d. Geb. d. Herrn	0,5		1	3	94
Gründonnerstag	79	1			20
Karsamstag	3	1			95
Johannis	3	0,5	3	11	82
Peter und Paul	1		2	3	94
Heimsuchung Mariae			2	0,5	98
Michaelis	11	1	3	32	53
Reformationstag	33	0,5	0,5	37	27
Gedenktag der Heiligen	1		1	2	94

Angaben in Prozent. An 100 fehlende Prozent durch Abrundungen oder wegen zweifelhafter Angabe beim Ausfüllen des Fragebogens.
Bei Stephanus und Namengebung Jesu bedeutet die Zahl hinter dem +, dass das Thema am 2. Weihnachtstag bzw. am Neujahrstag mitbedacht wird.

Christliche Feiertage in der reformierten „Suisse Romande"

Eindrücke

In diesem Jahr wollten die Lichter von Weihnachten gar nicht mehr ausgehen. Nebenbei bemerkt, bereits eine Woche vor dem Ewigkeitssonntag versuchten Weihnachtsbäume und Glitzerketten die dunklen Herbstabende fröhlicher zu machen. Noch lange über Epiphanias hinaus sollte sich der Lichterglanz ausdehnen. Wenn ich die Straße unseres kleinen waadtländischen Dorfes unweit des Genfer Sees herauffuhr, dann konnte ich sie sehen: vor jedem Haus mindestens ein Weihnachtsbaum, in jedem Fenster ein Glitzerding, blinkend oder stumm. Auf der Anhöhe thronte ein übergroßer Weihnachtsstern, der, in den Himmel hineinragend, den Engeln zu verkündigen schien, dass es all überall auf Erden weihnachtete.

In der „Suisse Romande" gibt es einen Dreikönigs-Brauch, der Alt und Jung vertraut ist. Am 6. Januar, dem ursprünglich von Epiphanias herkommenden, in den Volksgebrauch übergegangenen Fest der Heiligen drei Könige, sitzt alles gespannt um den Tisch herum beim Verzehr der traditionellen „couronne des rois" (Königskrone). Dabei handelt es sich um einen köstlichen Hefekranz, in den eine kleine Porzellanfigur (fève) eingebacken ist. Das ist der König, bzw. die Königin. Wer sie findet, stößt in der Regel einen lauten Jubelschrei aus, darf sich mit einer güldenen Papierkrone schmücken lassen und für einen Tag König oder Königin sein. Ohne hier genau auf die tiefere Bedeutung dieses Brauchs einzugehen, scheint er mir zweierlei ins Bewusstsein zu rufen: das eine ist die spontane Freude über das zum Vorschein Kommen (Epiphanie) des Königs, bzw. der Königin; das andere eine ritualisierte, im Alltag leicht vergessene Ehrfurcht dem gegenüber, „dem Ehre gebührt".

Verständlicherweise begegnet einem in den ersten Tagen des neuen Jahres eine Flut von solchen Königskronen in den Bäckereien. Nach dem 6. Januar sind sie in der Regel wieder verschwunden. In diesem Jahr war es anders. Als ich einige Tage nach Epiphanias mein morgendliches Croissant einzukaufen gedachte, musste ich staunen. Da gab es eine Unmenge an Königskronen in der Bäckerei, während im Schaufenster kleine Porzellanfiguren unterschiedlichster Formen auf einem Schachbrett aufgestellt waren. Auf meine verwunderte Frage nach der Bedeutung dieses Brauchs antwortete mir die Angestellte hinter der Verkaufstheke: „In diesem Jahr haben wir sie bis zum 14. Januar im Verkauf. Anordnung vom Chef, damit die Leute ihre Kollektion voll bekommen können." Das Königsfest war zur Verkaufsidee geworden, die offensichtlich Erfolg versprach. Die an die Geschmackssinne rührende Erinnerung an jenen einen König, der sich zum Heil der Menschen mit einer Dornenkrone krönen lassen würde, ist dem Schachfigurenset zum Opfer gefallen. Anstatt Ehrfurcht vor dem Mitmenschen, „Ehre, wem Ehre gebührt", trägt eine Wirtschaftsidee den Sieg davon.

Noch eine dritte Erfahrung soll hier zu Gehör kommen. Wer kann sich vorstellen, seinen eigenen Geburtstag vorzufeiern? Was zumal von solchem Tun abhält, ist jenes noch wache Bewusstsein, wonach dem eigenen Geburtstagsdatum eine symbolische Bedeutung zukommt, die man nicht so einfach übergehen kann. Was sonst verbirgt sich hinter dem volkstümlichen Aberglauben, „es könnte ja Unglück bringen"?

Niemand hingegen aus dem Kirchenvorstand, in dem ich seit einiger Zeit mitarbeite, zeigte sich verwundert darüber, dass der Pfarrer den Heiligabend – Gottesdienst in unserem Ort auf den 17. Dezember vorverlegte. In gleicher Weise wurde mit den anderen Teilen des Kirchspiels verfahren. Da alle ihren Heiligabend haben wollten, musste eben eine pragmatische Lösung gefunden werden. Man muss es ja schließlich allen recht machen.

Was geschieht aber, wenn nicht mehr Gott entscheidet, wann er in diese Welt kommt, sondern der menschliche Terminkalender? Was geschieht, wenn der göttliche „Advent" als solche Frühgeburt das Dunkel der Welt zu durchbrechen versucht?

Geht nicht jenes verlorene Bewusstsein für den symbolischen Wert des 24. Dezember einher mit der Entleerung des Sinngehalts des Weihnachtsfestes? Um wieviel weniger noch vermag das Licht von Weihnachten in die Herzen der Menschen vorzudringen, wenn im Gottesdienst von der Weihnachtsbotschaft gerade noch übrig bleibt, dass der Weihnachtsmann den Kindern Geschenke bringt? Für die Weihnachtsgemeinde ihrerseits zählt hauptsächlich jener Gedanke, nämlich, dass Weihnachten ohne Gang zur Kirche und die leuchtenden Augen der Kleinsten vor dem Altar nun mal eben kein Weihnachten ist. Das genaue Datum spielt keine allzu große Rolle.

Was geschieht hier? Mehr als ein Festhalten an überkommenen Traditionen begegnen uns in solchem Verhalten Rudimente eines mehr und mehr zugeschütteten Bewusstseins von der Bedeutung göttlicher Gegenwart in unserem belasteten Alltag. Weihnachten soll es ganz einfach schön sein und feierlich. Wach geblieben ist das Bedürfnis nach religiöser Erfahrung, wobei aber die religiösen Symbole neu interpretiert oder geradezu in ihr Gegenteil verkehrt werden. Ich fürchte, der überschwängliche Lichterglanz ist geradezu ein Ausdruck dafür, wie die Dunkelheiten in uns und um uns immer finsterer werden und wir das Gespür dafür verloren haben, wie wir ihrer noch „Herr" werden können. Beinahe ebenso wie unsere innere Unordnung weder Zeit noch Stunde kennt, liegt ihr nichts ferner, als sich an einem liturgischen Festkalender zu orientieren.

Festtage zum Ausspannen

Keiner will sich mehr von der Kirche diktieren lassen, wann, wo und wie er seinen Alltag zu unterbrechen und innezuhalten hat. Wenn die Woche schon von Arbeit und Freizeitterminen übervoll ist, dann will man nicht noch mehr Termine einhalten müssen. Die Schweizer sind bekanntlich ein sehr arbeitsames Volk. Kein anderes europäisches Land kennt noch die 42,5 Stunden – Woche und eine Ruhestandsregelung für Männer und Frauen ab 65! Anstatt zur Kirche zu gehen, möchte man an Feiertagen und

Wochenenden tun und lassen können, was man will. Da kann man endlich einmal ausschlafen, mit Familie und Freunden lange „brunchen", oder sich früh morgens zum Skilaufen oder Bergwandern auf den Weg machen.

In einer fiktiven Debatte mit Studenten/innen über das Für und Wider kirchlicher Festtage brachten diese die Sache messerscharf auf den Punkt. Dabei bekannte Herr XY offenen Herzens: „Mir ist das Osterfest sehr wichtig. Da kann ich endlich einmal ausspannen. Vor allem hab' ich dann Zeit, etwas an meinem Chalet im Wallis zu werkeln." Frau Z warf darauf entrüstet ein, die Christen stünden eben heutzutage nicht mehr in der Naherwartung der Wiederkunft Christi wie die Jünger der ersten Stunde, und das Wichtigste gerade an Ostern sei doch, jenes Bewusstsein wiederzuentdecken. Herrn XY's Munde entströmte daraufhin die Äußerung: „Ach, wissen Sie, ich habe wirklich besseres zu tun, als auf die Parusie zu warten!"

Seitdem ich den Pfarreralltag gegen geregelte Arbeitszeiten an der Universität eingetauscht habe, seitdem ich morgens das Haus verlasse und oft erst abends wieder die schöne heimische Atmosphäre genießen kann, fühle ich mich solchen Leuten wie Herrn XY ein Stück näher. Gleichzeitig verstärkt sich mein Eindruck, dass in der reformierten „Suisse Romande" kirchliche Feiertage hauptsächlich in Form von langen Wochenenden und Ferien existieren. Das wird schon am Sprachgebrauch deutlich. Man spricht von den „vacances de Noël" (Weihnachtsferien) und den „vacances de Pâques" (Osterferien), wobei der Gründonnerstag und der Karfreitag ohne weiteres dem Osterfest einverleibt werden. Himmelfahrt ist bekannt als das „week-end de l'Ascension" und Pfingsten als „week-end de Pentecôte". Mit dem gesetzlich verordneten Fastentag am vorletzten Montag im September, dem so genannten „Jeûne fédéral" (Eidgenössischer Fastentag), scheint sich der jährliche Festkalender der „Suisse Romande" bereits zu schließen. Dieser nationale Dank-, Buß- und Bettag, der seinen Ursprung nicht der Kirche sondern dem Staat verdankt und seinem Inhalt gemäß mit dem deutschen Buß- und Bettag verglichen werden kann, wird nur in der „Suisse Romande" als arbeitsfreier Tag begangen. Nur in diesem Teil der Schweiz leistet man sich diesen einen Tag im Jahr, um in besonderer Weise der Minderbemittelten im eigenen Land und überall in der Welt zu gedenken. In aller Regel findet solches Gedenken aber an einem der benachbarten Sonntage statt, in dem alle die nicht sitzen, für die das „Jeûne fédéral" ein willkommenes verlängertes Wochenende bedeutet. Die nationalen Hilfswerke und ONGs (nicht staatliche Hilfs- und Entwicklungsorganisationen) nutzen diesen Feiertag gern für ihre Kampagnen und Aktionen.

Während im Mittelalter eine regelrechte Inflation von religiösen Festen stattgefunden hatte – zwischen 1200 und 1558 wurden etwa 200 kirchliche Feiertage und Heiligenfeste eingeführt, heilversprechende Zeiten im Jahreslauf, in denen man von den Heiligen Hilfe erbat zur Fürbitte vor Gott angesichts drohender Kriege, Seuchen und Hungersnöte[1] –, kann sich die geschäftige schweizer Gesellschaft ein „mehr" an gesetzlichen Feiertagen nicht leisten. Ähnliches hat in Deutschland ja auch die Debatte um den Buß- und Bettag gezeigt. Die Versicherungen und Altersversorgungen müssen finanziert werden, um die vom frühzeitigen Verfall gezeichneten Opfer unserer arbeitsamen Gesellschaften versorgen zu können. Es ist schon erstaunlich, dass diejenigen, die nicht müde werden, solche Widersprüche immer wieder aufzuzeigen, noch immer überhört werden. Schon seit den siebziger Jahren haben Sozialforscher darauf aufmerksam gemacht, dass reduzierte Arbeitszeiten und geteilte Stellen zum Wohl des Einzelnen und der Gesamtgesellschaft eine gesunde Alternative wären (z. Bsp. André Gorz).

Menschen brauchen Zeiten zum Innehalten, Feste, die den Alltag durchbrechen und die Ahnung wach halten, in allem Chaotischen ihrer äußeren und inneren Welten der wunderhaften

---

1 Ein besonderes Phänomen im Hoch- und Spätmittelalter war die zunehmende Wundersucht. Die Erfahrung der Machtlosigkeit angesichts drohender Kriege, Seuchen und Naturkatastrophen schürte im Volk den Glauben, dass mittels der Fürbitte der Heiligen das unmittelbare, wunderbare Eingreifen Gottes zur Behebung der Not heraufbeschworen werde. (cf. Helmut Merkel, „Feste und Feiertage", in TRE 11, Berlin/New York, 1983, S. 121; cf. zum Folgenden die Seiten 96–143, aus denen ich Anregungen übernommen habe.)

Fürsorge des Allerhöchsten gewiss sein zu dürfen. Das war im Mittelalter kein Geheimnis ebenso wenig wie im antiken Judentum. Das AT zeugt davon, in welch hohem Masse Fest- und Ruhezeiten im Rhythmus von Saat und Ernte den jüdischen Jahreskalender bestimmen und auf die gesamte Lebensorientierung Einfluss nehmen. So sind das Wochenfest (sabûʿôt) mit dem Darbringen der Erstlingsfrüchte und das siebentägige Wohnen in aus Erntelaub gezimmerten Hütten am Laubhüttenfest (sukkôt) Ausdruck des Bewusstseins, dass rituelle Zeiten von Bitte und Dank zum Leben gehören. Nicht umsonst gelten am Sabbat und am Versöhnungstag (yôm kippûr) strengste Arbeitsruhe, gewissermaßen als rituelle Vergewisserung dessen, dass Schöpfung und Erhaltung letztlich nicht vom geschäftigen Treiben von uns Menschen abhängen.

„Heilige" Zeiten

Weil heute weder die Heiligenverehrung noch Saat und Ernte im Mittelpunkt des gesellschaftlichen Lebens stehen, soll hier nicht der Versuch unternommen werden, zu mittelalterlichen Zuständen zurückzufinden. Spätestens die Reformation hatte gründlich aufgeräumt mit dem Heiligenkult und der Vielzahl der Feste. Glaube und Erbauung sind in vieler Hinsicht in den Privatbereich verlegt und der Autorität der Kirche entzogen worden. Schon Luther betrachtete neben der völligen Verweltlichung der Feste die durch die Vielzahl der Feiertagsruhe hervorgerufene Erwerbsminderung mit einem kritischen Auge. Und getreu des reformatorischen Hauptanliegens, die unverdiente Gnade in den Mittelpunkt zu rücken, sind solche religiösen Festzeiten zum Erlangen der Gerechtigkeit Gottes völlig unnötig[2]. Den Reformatoren waren die festgesetzten Sonn- und Feiertage allein um der erzieherischen Ordnung willen von Bedeutung. Sie bieten Raum für die gottesdienstliche Versammlung, aber eigentlich ist mit Christus die Verheißung von Jes 66,23 erfüllt, wonach jetzt jeder Tag ein Feiertag

2 Galaterkommentar von 1519, WA 2, 540f.

sei[3]. Für Luther ist nicht einmal die Einhaltung des Sonntags zwingend, sofern der Christ sein ganzes Leben als Gottesdienst begreift und sich täglich von Gottes Wort erneuern lässt. Der mündige Christ muss sich nicht sklavisch an geregelte Festzeiten halten[4]. Er begreift sein ganzes Leben und Tun als unter der Zusage Gottes stehend. Heiligung und Dienst für den Nächsten erwachsen aus dem Glauben an die Rechtfertigung. Dort aber, wo aufgestellte kirchliche Ordnungen des Menschen Gewissen bedrücken, antwortet Luther mit dem Apostel Paulus (Kol 2,16) in reformatorischer Freiheit: „So lasset nun niemand euch ein Gewissen machen über Speise oder Trank und bestimmte Feiertage"[5].

In ihrer Kritik an den kirchlichen Festen sind sich die Reformatoren darin einig, dass der liederliche Müßiggang, der die Feiertage prägt, mehr Sünde als Gottesdienst ist. Während sich Calvin zu diesen Fragen kaum geäußert hat, urteilt Zwingli, ebenso wie Luther, in der Feiertagsfrage nach theologischen Gesichtspunkten. Während für ihn Zeit und Ort dem Christenmenschen unterworfen sind und nicht umgekehrt, kann die Sonntagsruhe wegen dringender Erntearbeiten verlegt werden. Wie auch die Umfrageergebnisse unterstreichen, gilt in den Reformierten Kirchen die von Heinrich Bullinger eingeführte Lösung „soli dominici dies et festa Christi retineantur" (allein der Tag des Herrn und das Christusfest werden beibehalten).

Trotz der Hervorhebung des Feiertags- und Sonntagsverständnisses in ihrer Grundbedeutung als ruhige Zeiten für Gott und der Betonung christlicher Freiheit angesichts verordneter Festordnungen hat die Reformation ihr Anliegen bis heute nicht

3 Ebd., 540; WA 6, 243 f.
4 „(...) Die Christen können wohl ohne solche Stücke geheiligt werden und bleiben, wenn man schon auf der Straße ohne Kirchengebäude, ohne Kanzel predigt, Sünde vergibt, ohne den Altar das Abendmahl reicht, ohne Taufstein tauft; wie es täglich geschieht, dass man daheim predigt, tauft, das Abendmahl reicht, aus besonderen Gründen. Aber um der Kinder und des einfältigen Volks willen ists fein und gibt eine feine Ordnung, dass sie eine gewisse Zeit, Stätte und Stunde haben, danach sie sich richten (...)." (M. Luther, „Von den Konzilen und Kirchen", Luther Deutsch Bd. VI, 42 f.).
5 A.a.O., 24.

eingelöst. Im Gegenteil, mir scheint, dass die „Abspeckung" des Festkalenders mehr und mehr gerade jene „heil-same" Zeiten verdrängt hat, in denen Gottes Gegenwart spürbar werden kann. Wer kann schon im geschäftigen Arbeitsleben Raum und Zeit finden, in denen Gottes lebensschaffendes und erhaltendes Wort zu Gehör kommt? Geordnete, nicht aber sinnentleerte Festrituale bieten den nötigen Raum dazu. Die Wertschätzung religiöser Symbole wie der Kerzenschein zu Weihnachten und die positive Bewertung des Freizeitgehalts kirchlicher Festtage in der „Suisse Romande" weisen nicht zuletzt auf ein wie auch immer geartetes religiöses Defizit hin: Zeit zum Innehalten in der Hetze des Alltags, Zeit für Familie und Freunde, Zeit, neue Gedanken zu fassen, Zeit, um zu sich selber zu finden und Zeit zum Nachdenken über Gott.

Anstatt über die leeren Kirchenbänke an Sonn- und Feiertagen zu klagen, wäre jenes die besondere Aufgabe von Pfarrer/innen und Gemeinden in der „Suisse Romande" wie andernorts: ein Bemühen darum, den Sinn christlicher Feiertage in ihrer religiösen Bedeutung für die Menschen hier und heute durchsichtig werden zu lassen. Dann könnten solche arbeitsfreien Auszeiten im Wochenverlauf nicht nur als willkommener Freizeitzugewinn, sondern zutiefst als Lebenshilfe verstanden werden.

„Vergessene Feiertage" –
ein kurzer Überblick

Aus der Arbeit an „vergessenen Feiertagen" im Konvent des Kirchenkreises Homberg (Evang. Kirche von Kurhessen-Waldeck, EKKW) entstand die Idee, neu nachzudenken über den liturgischen und gottesdienstlichen Umgang mit Feiertagen, die in unserer evangelischen Tradition im Lauf der Jahre und Jahrhunderte aus dem „Gebrauch" gekommen sind und insofern als „vergessene Feiertage" bezeichnet werden können. Natürlich: es gibt eine ganze Reihe von Fest- und Feiertagen im Verlauf des Kirchenjahres, die regional sehr unterschiedlich (noch) in Gebrauch sind oder gänzlich vergessen wurden. Von daher basiert unsere Entscheidung, uns auf bestimmte Feiertage in ihrer ausführlichen Behandlung zu beschränken, auch auf sehr regionalen Gewohnheiten, und die Auswahl dieser Feste besagt nichts über die Zahl „vergessener Feiertage" in unserer evangelischen Tradition.

Ich möchte daher versuchen, wenigstens in einem kurzen Überblick auch an eine Vielzahl weiterer Feiertage zu erinnern, die in diesem Buch keine ausführliche Behandlung erfahren werden, aber ihren festen Ort im Lauf des Kirchenjahres in der liturgischen Tradition haben (oder gehabt haben):
- Tag des Erzmärtyrers Stephanus (26. Dezember)
- Tag der unschuldigen Kinder (28. Dezember)
- Tag der Beschneidung und Namengebung Jesu – zugleich Neujahrstag (1. Januar)
- Mariä Lichtmess – Darstellung des Herrn (2. Februar)
- Aschermittwoch
- Tag der Ankündigung der Geburt des Herrn (25. März)
- Tag der Apostel Peter und Paul (29. Juni)
- Tag der Heimsuchung Mariä (2. Juli)
- Allerheiligen (1. November).

Im Folgenden versuche ich, kurz die geschichtliche Herkunft und die religiöse Bedeutung dieser Gedenktage darzustellen, um sie zumindest in dieser Form in unserer Erinnerung gegenwärtig zu erhalten (auch das Evangelische Gesangbuch führt diese Tage und trägt somit zu ihrer Vergegenwärtigung bei!), sowie – soweit vorhanden – auf mögliche Texte zu diesen Anlässen hinzuweisen, welche die neue Kurhessische Agende (Kassel 1996) dafür zur Verfügung stellt.

Inwieweit diese „Feste" zusätzlich zu den von uns vorgeschlagenen „vergessenen Feiertagen" eine liturgische Wiederbelebung erfahren können, mag der Phantasie und dem liturgischen Gespür Einzelner überlassen bleiben.

Tag des Erzmärtyrers Stephanus
(26. Dezember)

Das Fest des heiligen Stephanus ist älter als das Weihnachtsfest. Es wird in der Weihnachtszeit am 26. Dezember gefeiert, einen Tag nach dem Weihnachtsfest. Für uns ist das heute der zweite Weihnachtstag. Dahinter verbirgt sich der Rest einer viel älteren liturgischen Praxis, wonach das Weihnachtsfest einmal eine ganze Woche umfasste („Weihnachtsoktav"). Die arbeitsfreien Tage wurden später auf drei reduziert (25.–27. 12. entsprechend dem Osterfest: Triduum sacrum). Noch heute sprechen die Älteren bei uns vom dritten Feiertag. Im vorigen Jahrhundert setzte sich dann die gesetzliche Regelung von zwei Feiertagen an den hohen Festen durch.

Früher waren dem zweiten, dem dritten und dem vierten Weihnachtsfeiertag gleichzeitig bestimmte Märtyrerfeste zugeordnet: am 26. 12. gedachte man des „Erzmärtyrers" Stephanus, am 27. 12. des Evangelisten und Apostels Johannes, am 28. 12. in Erinnerung des Kindermordes von Bethlehem der „unschuldigen Kinder". Die liturgische Farbe für den 26. 12. ist das Rot, ein Sinnbild der Kirche, die durch das Blut der Märtyrer ausgebreitet wurde. Die Abfolge im Kirchenjahr: Heilige Nacht – Christfest – Erzmärtyrer Stephanus zeigt der Gemeinde in sinnfälliger Weise, was zu „Weihnachten" geschah und was es bedeutet: Das Bekenntnis zu dem, was wir in der heiligen Nacht erleben und zu Weihnachten verkündigen, hat von Anfang an immer wieder Menschen das Leben gekostet. Die Weihnachtsbotschaft dringt bis ins Blut – bis in das Wesen des Menschen – und lässt unser ganzes Leben und Leiden von der Menschwerdung des Gottessohnes geprägt sein. Fulgentius von Ruspe beginnt seine Predigt zu diesem Tag mit den Worten: „Gestern haben wir die zeitliche Geburt unseres ewigen Königs gefeiert, heute feiern wir das siegreiche Leiden seines Kämpfers. Gestern ging unser König, gehüllt in den Mantel des Fleisches, aus dem Schoß der Jungfrau hervor und besuchte in Gnaden die Welt, heute verließ der Streiter das Zelt des Leibes und zog als Sieger ein in den Himmel"[6] Den 26. 12. als Tag des Erzmärtyrers Stephanus zu feiern kann uns helfen, der Veräußerlichung des Weihnachtsfestes zu wehren.

Wie sehr das Verständnis für die Feier dieses Tages geschwunden ist, zeigt ein Blick in die EA der EKKW: Dort ist der Tag des Erzmärtyrers Stephanus unter dem Stichwort „Jünger und Jüngerinnen Jesu" weit nach hinten gerückt; am 2. Feiertag taucht nur noch der Name Stephanus als Verweis auf, das Wort „Erzmärtyrer" fehlt hier ganz.

Tag der unschuldigen Kinder
(28. Dezember)

In unmittelbarer Beziehung zu Weihnachten steht dieser Gedenktag, der in einem nordafrikanischen Kalendarium aus dem Jahre 505 erstmals erwähnt wird als das „Fest der unschuldigen Kinder". Unter Bezug auf Matthäus 2,1–12 wird daran erinnert, dass König Herodes in dem neugeborenen Kind zu Bethlehem, von dem ihm die Weisen aus dem Osten berichteten, einen Anwärter auf den Thron und damit einen gefährlichen Rivalen sah. Um diesen auszuschalten, ließ er alle Knaben bis zum Alter von zwei Jahren in Bethlehem töten: die Familie Jesu

6 So nach A. Grün/G. Ruhbach/U. Wilckens (Hg.), Meditative Zugänge zu Gottesdienst und Predigt Bd. VIII,1, Göttingen 1997, S. 75 f.

wird zur Flucht getrieben, unschuldige Opfer gilt es zu beklagen. Der neutestamentliche Bericht greift Elemente der Mosesgeschichte (Exodus 1, 16) auf und so entsteht aus der Verbindung beider Motive – Jesus als der neue Moses und die Infragestellung der Herrschaft des Herodes durch den neuen Messias – diese Überlieferung.

Einer der Volksbräuche, die sich mit diesem Fest verbinden, ist der „Kinderbischof" – ursprünglich im Mittelalter mit dem Tag Gregors I. (12. März) verbunden als Fest zum Schulanfang, bald aber auch auf den 28. 12. bezogen. In Hamburg hat sich dieser Brauch neu belebt mit der Einsetzung von drei Kinderbischöfen, die in den Gemeinden predigen dürfen und den Erwachsenen die Sicht der Kinder darlegen. In der römisch-katholischen Tradition ist dieser Tag seit jeher mit dem Recht der Kinder auf Leben verbunden, zuletzt aktuell geworden mit dem „Mahnläuten" zum Schutz des ungeborenen Lebens. (Dass ungeborenes Leben in Gefahr ist, ist aber nur die eine Seite der Gefährdung von Kindern; die andere ist das alltägliche Leiden und Sterben der „unwillkommen Geborenen" weltweit.) So macht dieser Gedenktag deutlich, dass Kinder ein Recht auf Leben und Lebendigkeit haben, und verweist so auf die Verantwortung der Erwachsenen für die Gestaltung einer Welt, in der Kinder nicht zu Opfern werden. Deshalb wird dieser Tag auch zunehmend zu einer speziellen Kindersegnung genutzt, wie sie das neue „Benediktionale" vorsieht.

In der neuen Kurhessischen Agende wird freilich nur in einer Anmerkung zum 1. Sonntag nach dem Christfest darauf hingewiesen, dass „am 28. Dezember ... der Tag der Unschuldigen Kinder ..." ist, und empfohlen: „Das Thema legt, ggf. im Blick auf aktuelle Ereignisse, einen Buß- und Bittgottesdienst ... nahe." Als Lesungen und Predigttexte sind dabei vorgeschlagen: Mt 2,13–18 (Flucht nach Ägypten und Kindermord in Bethlehem) sowie die dort zitierte Prophetie Jeremias aus Jer 31,15–17 (die Klage Rahels über den Verlust ihrer Kinder), und aus Offb 12,1–6 (13–17): die Verfolgung der Frau, die einen Sohn gebären wird, durch den großen roten Drachen mit den 7 Köpfen und 10 Hörnern: also eine thematische Festlegung auf die Bedrohung des Kindes und der Kinder. Und ich denke, mit dieser Textaus-

wahl dürfte die von mir angedachte Sinngebung einer Wiederge-
winnung dieses Tages ein wenig schwierig werden.

Tag der Beschneidung und Namengebung Jesu
(1. Januar)

Der Neujahrstag ist kein ursprünglich christliches Fest. Im
Zuge der Kalenderreform unter Cäsar wurde 46 v. Chr. der
Jahresbeginn vom 1. März auf den 1. Januar vorverlegt, die ersten Tage des neuen Jahres wurden mit ausgelassenen Feiern begangen, denen die Kirche durch Bußgottesdienste und Fasten-
aufrufe entgegenzusteuern suchte; die Konzilien von Tours
(567) und Toledo (633) ordneten für die ersten Januartage Bußgottesdienste und Fasten an. In Spanien und Gallien bildete
sich im Lauf des 6. Jahrhunderts ein Fest der „Beschneidung
und Namengebung des Herrn" heraus, das im 12./13. Jahrhundert auch von Rom übernommen und bis zur Reform von 1969
gefeiert wurde (seitdem ist es wieder ein Hochfest der Gottesmutter Maria, wie es schon einmal seit dem 7. Jahrhundert
Brauch gewesen war – vielleicht auch als Gegenbewegung zu
dem ausgelassenen Neujahrstreiben). Hintergrund für das Fest
der Namengebung ist die kurze Notiz in Lukas 2,21: „Als acht
Tage um waren und man das Kind beschneiden musste, gab
man ihm den Namen Jesus ...". Der 8. Tag nach Weihnachten,
gezählt vom 25. Dezember an, ist der 1. Januar. Luther pole-
misierte heftigst gegen die Feier des Neujahrstages und for-
derte stattdessen über Beschneidung und Namensgebung zu
predigen, denn für ihn begann das neue Jahr mit Weihnachten
(EG 24,15). In diesem Zwiespalt steht die liturgische Tradition
beider Kirchen bis heute, wie sie in ihren Gottesdiensten auf
den Beginn des bürgerlichen Jahres und die damit verbundenen
Ängste und Hoffnungen der Menschen reagieren soll. Eine
liturgische Feier des Neujahrstages als Jahresanfang entstand so
erst im 18. Jahrhundert. Und so werden auch in den neueren
Agenden und Messformularen beide Aspekte betont, wenn
auch bisweilen die altkirchliche Tradition von Beschneidung
und Namengebung ganz weggelassen wird.

Auch die neue Agende der EKKW weist nur in einem Nachsatz darauf hin: der Tag kann auch als „Tag der Beschneidung und Namensgebung Jesu" gefeiert werden. Unter dem Motto: „Jesus, der Weg. Wer im Namen Jesu handelt, wird auch in Ungewissheit und Ängsten Mut für den nächsten Schritt empfangen", werden Namengebung Jesu und Jahreswechsel miteinander verbunden. Der Tagespsalm zum Neujahrstag (Psalm 8,2–10) verweist auf den Namen Gottes.

Mariä Lichtmess (2. Februar)

Eine überraschende Beobachtung vorweg, die vermutlich im Bewusstsein der allermeisten vergessen ist: Weihnachten reicht bis zum 2. Februar, bis zu Mariä Lichtmess oder, wie es schon immer bei evangelischen Christen hieß: bis zur Darstellung des Herrn. Zumindest ist dieses Fest eines der Nachfolgefeste im Weihnachtsfestkreis!

In den ältesten Quellen ist nur vom „Vierzigsten Tag der Geburt unseres Herrn" die Rede; da der 6. Januar als Geburtstag galt, war dies der 14. Februar (vielleicht ist der heute immer beliebter werdende Valentinstag von daher herzuleiten, ohne dass der Inhalt des Festes noch bewusst ist!). Wo sich der 25. Dezember als Geburtstag Jesu durchsetzte, war dies dann der 2. Februar, der Tag der „Darstellung des Herrn". Der biblische Hintergrund dafür ist der Bericht in Lukas 2, 22–39: nach dem mosaischen Gesetz gilt eine Frau vierzig Tage nach der Geburt eines Knaben und achtzig nach der Geburt eines Mädchens als unrein (3. Mose 12, 1–8) und muss danach ein Reinigungsopfer darbringen; darüber hinaus gilt der Erstgeborene als Eigentum Gottes, muss also vor Gott gebracht (dargestellt) und durch ein Geldopfer ausgelöst werden (vgl. 2. Mose 13,2; 4. Mose 18,16). Bei dieser „Darstellung" Jesu erkennen der alte Simeon und die Prophetin Hanna in diesem Kind den „Erlöser Israels" und preisen dafür Gott.

In der römischen Tradition ist um diese Jahreszeit die Feier einer Lichterprozession bezeugt, die womöglich viel älter ist und eine heidnische Sühne- und Reinigungsprozession abgelöst haben dürfte. Diese Lichterprozession mit Kerzenweihe, die sich im katholischen Brauchtum erhalten hat, gab dem Fest auch den Namen „Lichtmess". Von den zu Lichtmess gesegneten Kerzen erwartet man Schutz und Hilfe in vielen Nöten (z. B. bei Gewittern, Epidemien …). Das Licht nimmt auf den Evangeliumsbericht Bezug, in dem der greise Simeon Jesus als „Licht zur Erleuchtung der Heiden und zur Verherrlichung Israels" begrüßt.

In der evangelischen Tradition kennt man weder Kerzensegnung noch Lichterprozession; so kommt dieser Tag auch in der Kurhessischen Agende nicht vor, wird lediglich im Zusammenhang mit den Mariengedenktagen unter Angabe der entsprechenden Stelle (Lk 2,22–35) erwähnt. Aber vielleicht ließe sich bei der wachsenden Bedeutung der Symbolik des Lichts auch in den evangelischen Kirchen hier ein neuer festlicher Anlass entdecken, um der Lichtsymbolik (Tauf- und Traukerzen, Konfirmandenkerze) einen eigenen Akzent zu geben. Ganz profan erlangte dieser Tag auch seine Bedeutung dadurch, dass an ihm die Dienstboten ihre Stellungen wechselten. Er ist von daher noch sehr im kollektiven Bewusstsein – vor allem in ländlichen Gegenden – verankert.

Aschermittwoch

Mit Aschermittwoch beginnt die vierzigtägige Vorbereitungszeit auf das Osterfest als Zeit der Besinnung und Reinigung, der Buße und des Umdenkens, als Fastenzeit. Solche Zeiten sind keine Erfindung des Christentums, sondern finden sich in vielen Kulturen und Religionen. Bereits aus dem 2. Jahrhundert gibt es freilich Überlieferungen, dass die Christen sich durch ein zweitägiges Trauerfasten auf das Osterfest vorbereiteten, und im 4. Jahrhundert ist die vierzigtägige Vorbereitungszeit auf Ostern bereits fester Brauch. Vierzig Tage – das ist biblisches Zeitmaß und leitet sich vor allem ab von dem Bericht über eine vierzigtägige Gebets- und Fastenzeit, die Jesus nach seiner Taufe im Jordan auf sich nahm (Mt 4,1–11). Aber auch von Mose und Elias werden vierzig Tage des Fastens und der Reinigung (Ex 34,28; 1. Kön 19,8) berichtet.

Asche, von der der Aschermittwoch seinen Namen hat, gilt seit alter Zeit als ein Symbol der Wertlosigkeit, der Vergänglichkeit und des Todes und wird logischerweise mit Feuer in Verbindung gebracht. Feuer aber verwandelt, reinigt, schafft etwas Neues. So soll durch Buße in Asche ein verwandelter, neuer Mensch hervorgehen, gereinigt von seinen Sünden.

Der Beginn der Fastenzeit war im 4. Jahrhundert der 6. Sonntag vor Ostern; da aber an den Sonntagen nicht gefastet wurde, legte man den Beginn bald auf den Mittwoch vor dem 6. Sonntag vor Ostern und bezog Karfreitag und Karsamstag in die Fastenperiode mit ein, sodass man nun die vierzig Fastentage hatte. Dieser Mittwoch als Anfang der Fasten- und Passionszeit wird Aschermittwoch genannt, weil an diesem Tag die Gläubigen mit Asche bestreut werden als äußeres Zeichen der Aufnahme in den Büßerstand: Die öffentliche Buße (als ursprüngliche Form des Beichtsakraments, die erst im 8. Jahrhundert durch die „Ohrenbeichte" des Einzelnen abgelöst wurde!) war festes Element der Fastenzeit; auch gab es nur in dieser Zeit für die, die eine schwere Sünde begangen hatten, die Möglichkeit, das Bußsakrament zu empfangen. Dafür hatte sich dann sogar ein eigener Ritus ausgebildet, von dem das „Aschekreuz", das seit 1091 als Ritus für alle vorgeschrieben war, bis heute übrig geblieben ist; das strenge Fasten der ersten Jahrhunderte wie auch die öffentliche Buße wurden freilich inzwischen aufgegeben. Relikte finden sich nur noch in den Buß- und Passionsandachten während der Passionszeit, in denen nicht nur die individuelle Schuld in den Mittelpunkt gestellt wird, sondern auch das Schuldigwerden von Gruppen und Gemeinden gegenüber Randgruppen, sozialen Verhältnissen, der Dritten Welt. Neu ist auf evangelischer Seite das außergewöhnliche Interesse, das bundesweit die Fastenaktion „Sieben Wochen ohne" erreicht.

Die lutherische Agende kennt keinen Ascheritus am Aschermittwoch, hält aber ein liturgisches Formular für diesen Tag bereit als einen öffentlichen Bußgottesdienst oder die Feier der Gemeindebeichte; in der Regel wird jedoch das Anliegen dieses Tages für den Sonntag Invokavit vorgeschlagen, an dem auch nach der neuen Agende der EKKW ein Buß- und Bittgottesdienst möglich ist. Vielleicht ließe sich aber auch die ehemalige

Bedeutung des Aschermittwochs wieder gewinnen mit der bewussten Eröffnung der Aktion „Sieben Wochen ohne", dann aber: vierzig Tage ohne!

Neben der kirchlichen Bedeutung gibt es am Aschermittwoch auch eine Fülle von weltlichem Brauchtum. So wird seit dem 19. Jahrhundert in manchen Gebieten das „Geldbeutelwaschen" geübt: Dabei ziehen vorwiegend Jugendliche zu einer Wasserstelle, einem Brunnen o. Ä., um dort ihren Geldbeutel auszuwaschen und zum Trocknen aufzuhängen. Auch damit soll ein Neuanfang symbolisiert werden. Bekannt ist aber auch der „politische Aschermittwoch", der vor allem in Bayern seit 1953 eine Tradition hat: Politische Parteien ziehen eine Bilanz des zurückliegenden Jahres und versuchen eine Neubesinnung.

Kurz nach dem Zweiten Weltkrieg gab der französische Dichter Paul Claudel die Anregung zu einem „Aschermittwoch der Künstler", um so Künstlern die Gelegenheit zur Besinnung zu schaffen. Inzwischen wird dieser Brauch in mehr als 100 Städten überall in der Welt begangen und ist auch häufig mit gemeinsamen Gottesdiensten verbunden.

Tag der Ankündigung der Geburt des Herrn (25. März)

In den Kirchen des Ostens kam im Laufe des 6. Jahrhunderts ein Fest zur Empfängnis Jesu am 25. März auf. Das geschah, nachdem sich auch im Osten der 25. Dezember als Geburtsfest Jesu durchgesetzt hatte. Die Kirchen des Abendlandes übernahmen im 7. Jahrhundert dieses Fest, das neben ältere Marienfeste trat oder sie ersetzte. Biblischer Hintergrund ist Lukas 1,26–38: Die Botschaft des Erzengels Gabriel mit der Ankündigung der Geburt Jesu und seiner Namensnennung.

In den ältesten griechischen Zeugnissen ist das Fest als *Verkündigung der Gottesmutter* bekannt. Der lateinische Begriff *annuntiatio = Verkündigung, Ankündigung* hat sich dann durchgesetzt. In unserem Sprachgebrauch hat sich der Name *Mariä Verkündigung* gehalten. Die im evangelischen Bereich gebräuchliche Benennung *Tag der Ankündigung der Geburt des Herrn* (EG

954) zeigt deutlich, dass dieser Tag den Charakter eines Christusfestes hat. Das zeigt sich auch in der liturgischen Farbe. Für den 25. März ist die Farbe Weiß vorgesehen, das Sinnbild des Lichtes, für die hohen Feste und die übrigen Christusfeste.

Evangelium ist Lk 1, 26–38, Epistel ist Gal 4,4–7, als Psalm werden gelesen Ps 98 oder 45. Lied für den Tag ist EG 68: O lieber Herre Jesu Christ.

Peter und Paul (29. Juni)

In der Mehrzahl haben die Feste und Gedenktage der Apostel und Evangelisten ökumenischen Rang, werden auch, da sie einen biblischen Bezug aufweisen können, in den Festkanon der lutherischen Kirchen übernommen. Das kann aber nicht darüber hinwegtäuschen, dass sie im gottesdienstlichen Leben und im Bewusstsein der evangelischen Christen meist nur eine ganz geringe Bedeutung haben. So wird auch das agendarische Angebot nur in einem bescheidenen Umfang von den Gemeinden wahrgenommen. In besonderer Weise herausgehoben ist dabei – neben Johannis und Michaelis – lediglich der Tag der Apostel Petrus und Paulus.

Der Todestag der beiden Apostel ist nicht überliefert und es ist historisch auch nicht verifizierbar, ob sie am selben Tag oder im selben Jahr getötet wurden. Eine sehr alte Tradition, die auch durch Inschriften in den Katakomben belegt ist, sagt, dass beide in Rom unter Kaiser Nero eines gewaltsamen Todes gestorben sind: Petrus soll auf dem Vatikanhügel gekreuzigt, Paulus vor den Toren der Stadt enthauptet worden sein. Seit der Mitte des 3. Jahrhunderts wird der 29. Juni als ihr Todestag begangen. Ursprünglich gab es in Rom an diesem Tag drei Gottesdienste: eine Petrusfeier in St. Peter, eine Paulusfeier an der Straße nach Ostia und ein gemeinsames Gedächtnis an der Via Appia, wo während der valerianischen Verfolgung (im 3. Jahrhundert) ihre Leichname vermutlich in einer Katakombe versteckt worden waren. Vom 4. bis 6. Jahrhundert verbreitete sich das Fest der Apostelfürsten von Rom aus zunächst im Westen, aber dann auch in den meisten Kirchen des Ostens.

Schon sehr früh wurden die beiden Apostel gemeinsam genannt und verehrt; bereits in der Apostelgeschichte ist die Tendenz erkennbar, über historisch bezeugte Gegensätze hinweg die Einheit der Gemeinde auch in der Gemeinsamkeit der beiden Repräsentanten der frühen Christenheit zum Ausdruck zu bringen. Kein Wunder, dass in der evangelischen Tradition trotz der Verschiedenartigkeit der Sendung beider das Verbindende für die eine Kirche betont wird (Epistellesung des Tages: Eph 2,19–22; dazu s. u.).

Und vielleicht lässt sich an dieser Tradition auch die ökumenische Bedeutung hervorheben, denn beide Apostel haben für die Gegensätze zwischen den Konfessionen große Bedeutung: Petrus als der Überlieferung nach der erste Papst steht für die Frage nach der Bedeutung des Papsttums, und Paulus ist maßgebend für die theologische Klärung der Position Luthers, der mit paulinischen Argumenten die spätmittelalterliche Kirche in Frage gestellt hat. Auf diesem Hintergrund kann es von Bedeutung sein, wenn dieser Gedenktag festzuhalten versucht, dass beide Apostel auf sehr verschiedene Weise der einen Kirche dienten und dass die Verschiedenheit dennoch kein Grund zur Trennung ist.

Für die nur schwache Verhaftung dieses Tages im evangelischen Bewusstsein mag vielleicht ein Grund sein, dass in der liturgischen Tradition außer dem Gottesdienst kein besonderes Brauchtum sich herausgebildet hat; in manchen Gegenden sind allerdings Elemente des Mittsommer-Brauchtums des Johannistages auch auf das Fest der Apostel übergegangen.

Die Kurhessische Agende erwähnt das Fest in der Zusammenstellung der „Jünger und Jüngerinnen Jesu" neben einer Reihe weiterer „Gedenktage" (Stephanus, Johannes, Priska, Markus, Maria Magdalena, Maria und Marta von Betanien, Lydia, Matthäus und Lukas) unter dem Tagesspruch: „Wie lieblich sind auf den Bergen die Füße der Freudenboten, die da Frieden verkündigen, Gutes predigen und Heil verkündigen" (Jes 52,7). Dementsprechend gehen auch die dafür vorgeschlagenen Texte vornehmlich auf die Bedeutung der beiden „Jünger" ein: Mt 16,13–28 – das Bekenntnis des Petrus; 1. Kor 15,1–11 – die Zeugen der Auferstehung; Gal 1,11–24 u.

2,11–21 – die Bedeutung des Paulus und sein Verhältnis zu Petrus, vielleicht gerade der Text, der einer angemessenen Interpretation eines solchen Gedenktages (s.o.) am ehesten entspricht; etwas aus dem Rahmen fällt dabei die Perikope Epheser 2,19–22, (die Epistellesung dieses Tages, s.o.) wo – ohne speziellen Bezug auf Paulus oder Petrus – die Bedeutung der Apostel und Propheten generell herausgestellt wird, und zwar ohne Unterschiede zu konstatieren – also kein Text für ein spezielles Gedenken!

Tag der Heimsuchung Mariä (2. Juli)

Marienfeste sind in der christlichen Tradition Ausdruck einer Frömmigkeit, die bis in die Frühzeit der Kirche zurückgeht und sehr vielfältige Formen und eine Vielzahl von Festtraditionen ausgebildet hat. Ist die Marienverehrung auch in erster Linie ein Erbe der östlichen Kirche, gehen Ansätze dazu jedoch bis ins Neue Testament zurück: Während bei Paulus und im Markusevangelium kaum Bezug auf Maria genommen wird, finden sich in den anderen Evangelien bereits die Grundlinien einer marianischen Theologie. Und recht bald zeigt es sich, dass Maria eine eigenständige Rolle erhält, vor allem in Darstellungen der Kunst: Vermutlich zum ersten Mal wird Maria in der Kirche Santa Maria Maggiore in Rom in der Apsis abgebildet – anstelle des Christusbildes kann das Bild der Mutter mit dem Kind treten. Das ist eine Folge des Konzils von Ephesus. Im 5. Jahrhundert bereits gibt es im Bereich der Ostkirche einen Gedächtnistag Marias, im 6. Jahrhundert bilden sich einzelne Feste heraus, im 7. Jahrhundert werden die Feste in Rom übernommen. Bald wird die Gestalt Marias wie die Gestalt Jesu ins Kosmische ausgeweitet, ist sie als ganzer Mensch mit Leib und Seele bei Gott. Im 12. Jahrhundert gibt es im Westen einen ersten Höhepunkt der Marienverehrung, die bis ins späte Mittelalter eine Vielfalt von Formen ausbildet, die die zentralen Glaubenswahrheiten und Frömmigkeitsformen überwuchern. Die Reformation sucht das Christentum in seiner ursprünglichen Gestalt zurückzugewinnen und verwirft die Heiligen-

und damit auch die Marienverehrung. Im Barock gibt es ein erneutes Aufblühen der Marienfrömmigkeit als eine Folge der zunehmenden Pflege der Marienverehrung im Zuge der Gegenreformation. Die zum Teil sehr überschwänglichen Frömmigkeitsformen werden durch die Aufklärung unterbrochen, das Gefühl durch Rationalität ersetzt. Aber nicht lange, denn die Züge der überschwänglichen Marienverehrung erfahren eine Neubelebung durch die verstärkt erfahrenen Marienerscheinungen (beispielsweise La Salette, Lourdes, Fatima) an der Wende zum 20. Jahrhundert. Dies wird erneut durch die Veränderungen des II. Vatikanischen Konzils unterbrochen, erfährt aber zum Ende des letzten Jahrhunderts erneut eine Wende: Neue Impulse der Marienverehrung sind zu beobachten, die auch in der evangelischen Kirche zu einer verstärkten Beschäftigung mit der Gestalt Marias führen (feministische Theologie).

Eines der wenigen Marienfeste, das auch zeitweilig in der evangelischen Tradition Bestand hatte, war das Fest der Heimsuchung Mariä, wohl aus der Verbindung zum Geburtsfest des Täufers erklärlich: Den biblischen Hintergund bildet der Bericht über den Besuch Marias bei ihrer Verwandten Elisabeth (Lk 1,39–56). In der Begegnung der beiden schwangeren Frauen wird quasi das Zusammentreffen des zukünftigen Erlösers mit seinem Vorboten und Wegbereiter, dem Täufer Johannes, vorweggenommen. Auf die Seligpreisung durch Elisabeth antwortet Maria mit dem Lobgesang des Magnificat. So kann das Magnificat in der evangelischen Tradition möglicherweise neben seiner Bedeutung in Zusammenhang mit dem Weihnachtsfest auch zu einer eigenständigen Festtradition werden.

Der Festtag ist im Westen aus der mittelalterlichen Marienfrömmigkeit heraus entstanden: 1263 hat es der franziskanische Ordensgeneral Bonaventura für seinen Franziskanerorden (!) eingeführt, 1389 wurde es auf die ganze abendländische Kirche ausgedehnt. Der Termin hängt mit dem Geburtsfest des Täufers zusammen und fällt auf den Tag nach seiner Oktav. Zwischenzeitlich wurde das Datum im römischen Festkalender auf den 31. Mai verlegt, um eine sinnvollere chronologische Abfolge von Verkündigung der Geburt an Maria (25. März),

Mariä Heimsuchung und Geburt des Johannes (24. Juni) herzustellen, konnte sich aber im deutschen Festkalender nicht durchsetzen, der am 2. Juli festhält und auch für die evangelische Ordnung nach wie vor gültig ist.

Allerheiligen (1. November)

Der Monat November ist nach altkirchlicher Tradition dem Gedenken an die Toten gewidmet; aber zu Beginn dieses Monats feiert die Kirche mit Allerheiligen erst einmal ein Hochfest, ehe sie sich den eher traurigen und dunklen Seiten des Totengedenkens zuwendet. Nach Auskunft der Agenden und Leseordnungen gilt dies Fest am 1. November *noch* als ökumenisches Fest: Die lutherische Agende von 1955, die erneuerte Agende und das Lektionar von 1978 haben für diesen Tag ein eigenes Proprium unter der Überschrift „Gedenktag der Heiligen", und selbst die neueste Agende der EKKW bietet Vorlagen zum Gedenken an die „Jüngerinnen und Jünger" (S. 477 ff.) und an „weitere Zeugen des Glaubens" (S. 487 ff.).

Warum haben Heilige, deren Verehrung nicht nur im christlichen Glauben geschieht, nicht allein in der römisch-katholischen und orthodoxen Tradition ihre Bedeutung erhalten?

Die Erfahrung des Heiligen als Erscheinung des Göttlichen gehört zu den menschlichen Grunderfahrungen und ist wesentlich bestimmend für die Ausbildung von Religion: das Transzendente wird als das ganz Andere, aber den Menschen unbedingt Angehende erlebt; Heiligkeit wird zum erstrebenswerten Ziel des Menschen, der Heilige zum Vorbild gelungener Religiosität und damit selbst zum Gegenstand von Ehre und Verehrung.

In den Heiligen und ihren Traditionen spiegeln sich nicht nur die Vielfalt christlicher Existenz, sondern auch die Epochen der christlichen Geschichte und die regionale Eigenart. Praktisch ist jeder Abschnitt der Kirchengeschichte, jeder Aspekt christlicher Lebensart und nahezu jeder Landstrich durch das Beispiel eines Heiligen nachzuvollziehen, so dass der Gläubige in den Heiligen Beispiele christlichen Lebensvollzugs mit unterschiedlicher Akzentsetzung antrifft. Es gibt eine lange Tradition der Heiligenverehrung mit oftmals intensiver emotionaler Beziehung. So sind die Heiligen nicht nur Vorbilder, sondern wegen ihrer gelungenen christlichen Existenz und ihrer Nähe zu Gott auch Fürsprecher, Schutzpatrone für die Gläubigen. Freilich wurde die Heiligenverehrung auch immer wieder kritisch gesehen, da sie mit der Verehrung Gottes und Jesu Christi zu konkurrieren schien. Besonders in der Reformation war diese Kritik sehr deutlich, die sich vornehmlich gegen die Auswüchse und Missbräuche der Heiligenverehrung wandte: während Bucer, Zwingli und Calvin die konsequente Abschaffung der Heiligen und ihrer Verehrung forderten, lehnte Luther die Anrufung der Heiligen als „endchristlichen Missbrauch" ab (WA 50,210), jedoch könne ihr Glauben als Vorbild dienen (WA 38,313), was also auch nicht dazu führte, die Heiligen ganz zu beseitigen. So heißt es in der Confessio Augustana: „Vom Heiligendienst wird von den Unseren so gelehrt, dass man der Heiligen gedenken soll, damit wir unseren Glauben stärken, wenn wir sehen, wie ihnen Gnade widerfahren und auch wie ihnen durch den Glauben geholfen worden ist; außerdem soll man sich an ihren guten Werken ein Beispiel nehmen, ein jeder in seinem Beruf ... Aus der Hl. Schrift kann man aber nicht beweisen, dass man die Heiligen anrufen oder Hilfe bei ihnen suchen soll. „Denn es ist nur ein einziger Versöhner und Mittler gesetzt zwischen Gott und den Menschen, Jesus Christus „(1. Tim 2,5) ..." (CA, Art. 21). Die nachreformatorische Epoche lehnt Heiligenverehrung ab, da Verstorbene nicht angerufen werden können, aber es hält sich in der lutherischen Tradition der Hinweis auf das Vorbild der Heiligen. Dies hat in neuerer Zeit zur Folge, dass ein neues Interesse an Heiligenverehrung zu entdecken ist, nicht zuletzt hervorgerufen durch intensivierte ökumenische Gespräche (seit 1987).

Denn auch für die römisch-katholische Kirche ist nach einer Zeit deutlichen Nachlassens der Heiligenverehrung im Zuge der Rehabilitation der Volksfrömmigkeit als Ausdruck der Religiosität breiter Volksschichten eine neue Wertschätzung der Heiligen festzustellen: In ihnen drücken sich die Hoffnungen und Sehnsüchte der Menschen aus. Zu den religiösen Pflichten gehört die Heiligenverehrung freilich nicht und ist daher dem Christen freigestellt. Theologisch wird zwischen Verehrung (dulia) und Anbetung (latreia) unterschieden, wobei die Anbetung nur Gott zusteht, nicht den Heiligen.

Die unterschiedlichen Motive für eine Heiligenverehrung sind im kollektiven Bewusstsein der Menschen bis heute wirksam, sogar in überwiegend evangelischen Bereichen: die heilige Barbara als Schutzheilige der Bergleute; der heilige Christophorus als Patron der Autofahrer; der heilige Martin oder auch der heilige Nikolaus als Kinderfreund (Kindergärten!); die heiligen drei Könige; daneben gibt es auch Heilige neuesten Datums, die das Lebensgefühl der Menschen ausdrücken und denen eine besondere Sympathie entgegengebracht wird (Maximilian Kolbe, Theresa von Avila beispielsweise).

Die christliche Heiligenverehrung setzte mit der Mätyrerverehrung ein, so dass es neben den Gedenktagen für einzelne Zeugen (Märtyrer) bereits im 4. Jahrhundert im Osten zu verschiedenen Terminen ein Gedächtnis *aller* Märtyrer gab, je nach den unterschiedlichen Traditionen in den verschiedenen Teilkirchen: der 13. Mai (zuerst 359 in der syrischen Kirche), der Sonntag nach Pfingsten (in der griechisch-orthodoxen Kirche bis heute) und der Freitag nach Ostern werden als Gedächtnistage überliefert; in Rom wurde anfangs der 13. Mai übernommen, ehe zuerst in England und Irland Mitte des 8. Jahrhunderts ein Allerheiligenfest am 1. November bezeugt wird; dies Datum war in Irland das Neujahrsfest und wurde in ausschweifender Weise begangen, dem die Kirche durch Fasten ihre eigene Gestaltung entgegensetzte; der 1. November wird dann im 9. Jahrhundert unter Gregor IV. durch Ludwig den Frommen für Frankreich eingeführt. Möglicherweise hängt diese Zuordnung zum 1. November auch mit der Einrichtung einer Kapelle zu Ehren aller Heiligen in St. Peter in Rom unter Gregor III. (1. Hälfte 8. Jahrhundert) zusammen, wodurch offenbar erstmals das Märtyrergedächtnis zum Gedächtnis aller Heiligen erweitert wurde. Erst im Spätmittelalter aber gewann dieses Fest durch die Nähe zu Allerseelen mit Sakramentenempfang und Ablass seine herausragende Bedeutung als „Ostern des Herbstes".

Allerheiligen ist in seiner Aussage auf Ostern bezogen: kein Gedenktag der Toten, sondern eine Feier des neuen Lebens, in das die Heiligen gelangt sind und das allen Christen verheißen ist. Die eine Kirche in ihrer zweifachen Gestalt (die triumphierende, himmlische und die pilgernde, irdische) wird an Allerheiligen gefeiert, denn die Heiligen gehören fest zur Kirche und symbolisieren die Einheit dieser zwei Kirchenverständnisse in ihrer Person. Darum gehören auch die Seligpreisungen (Mt 5,1–12a) zum festen liturgischen Bestand dieses Tages, sowohl auf katholischer wie lutherischer Seite.

Und dennoch: die religiöse Praxis verbindet das Gedächtnis der Verstorbenen, das eigentlich erst am Allerseelentag (2. November) begangen wird, intensiv mit Allerheiligen. So gehört der Besuch auf dem Friedhof bereits am Allerheiligentag zur festen Tradition; die Gräber werden geschmückt, brennende Lichter auf die Gräber gestellt. Mit Allerheiligen endet der Sommer und beginnt der Winter. In der Zeit um Allerheiligen und Allerseelen haben nach dem Volksglauben die Seelen freie Tage und können das „Fegefeuer" verlassen: sie machen sich als kleine Flämmchen bemerkbar; die Lichter auf den Gräbern sollen sie anlocken, damit sie ihren Körper wieder finden. Jedoch verlieren solche Vorstellungen zunehmend an Bedeutung, da das Gedächtnis der Toten im öffentlichen Bewusstsein kaum noch einen Platz findet und zugleich ein Verlust vieler Formen der privaten Totenerinnerung zu beobachten ist. Umso wichtiger ist es, dass das Totengedächtnis mit den Gedenktagen im November seinen festen Platz erhält: mit Allerheiligen und Allerseelen, Volkstrauertag und Ewigkeits-; bzw. Totensonntag. Dennoch sollte die besondere Ausrichtung von Allerheiligen, wie sie in der altkirchlichen Tradition verankert war, stärker das Bewusstsein dieses Tages mitprägen in der doppelten Ausrichtung, die die Glaubenszeugen eröffnen: „… irdisch noch schon himmlisch sein …" (EG 384,1).

Tag des Erzmärtyrers Stephanus
(26. Dezember)

Entwurf zu Liturgie und Gottesdienst

SPRUCH DES TAGES

Der Tod seiner Heiligen wiegt schwer vor dem Herrn. Dir will ich Dank opfern und des Herrn Namen anrufen. (Psalm 116,15+17)

LITURGISCHE FARBE

Rot als Farbe der durch das Blut der Märtyrer ausgebreiteten Kirche.

LIEDVORSCHLÄGE

Vom Himmel kam der Engel Schar (EG 25)
Weil Gott in tiefster Nacht erschienen (EG 56)
Also liebt Gott die arme Welt (EG 51)

LESUNGEN

Psalm 119, 81–82.84–86
Matthäus 10,16–22 (Evangelium)
Apostelgeschichte 7,55–60

PREDIGTTEXT

Offenbarung 7,9–12

KYRIE

Gott, du lässt uns einen Blick in den Himmel werfen. Ungesehenes schauen unsere Augen und Melodien himmlischen Jubels steigen in uns auf. Voller Erstaunen und Ehrfurcht stehen wir da, weil du uns mit deinem Erbarmen umgibst. Dich rufen wir an.

GLORIA

Mit Stephanus richten wir unsere Augen zum Himmel. Mit ihm wollen wir von der Herrlichkeit Gottes erzählen. Mit ihm und allen Engeln wollen wir singen.

GEBET DES TAGES

Angefochten ist unser Leben von Anfang an. Bis aufs Blut quälen wir uns gegenseitig. Und oft genug wird unschuldiges Blut vergossen. Diesen Kreislauf durchbrechen wir nur, wenn wir auf Jesus schauen und wie Stephanus beten lernen für unsere Feinde. Das fällt uns schwer genug. Und doch machst du, o Gott, uns Mut dazu.

GEBET NACH DER PREDIGT

Gott im Himmel, du bist Mensch geworden und hast uns durch Jesus die Augen geöffnet für die Geheimnisse dieser Welt.

– *Herr, wir danken dir.*

Gott im Himmel, du bist Mensch geworden, um uns nahe zu sein in unseren Ängsten und Anfechtungen. Du hast dich unserer Schwachheiten angenommen und bist selbst schwach und verletzbar geworden.

– *Herr, wir danken dir.*

Gott im Himmel, die Geburt von Jesus ist die Brücke, die Erde und Himmel verbindet. Wir schauen den geöffneten Himmel und sehen den Glanz, der dich umgibt. Davon wollen wir erzählen, immer wieder, und hoffen, dass mit deiner Hilfe die lichtlose Welt sich wandelt.

– *Herr, wir danken dir.*

Gott des Himmels und der Erde, immer wieder wird unschuldiges Blut vergossen wegen deines Namens und in deinem Namen. Immer wieder werden Menschen gequält bis aufs Blut. Lass die Gequälten nicht zu Quälenden werden. Lehre uns, wie Stephanus für unsere Feinde zu beten, damit wir alle weihnachtlichen Frieden finden. Amen.

Tag der Beschneidung und Namengebung Jesu (1. Januar)

Entwurf zu Liturgie und Predigt

THEMA DES TAGES

Jesus ist der Weg. Wer im Namen Jesu handelt, wird auch in Ungewissheit und Ängsten Mut für den nächsten Schritt empfangen.

SPRUCH DES TAGES

Alles, was ihr tut mit Worten oder mit Werken, das tut alles im Namen des Herrn Jesus und dankt Gott, dem Vater, durch ihn. (Kol 3,17)

LESUNGEN UND PREDIGTTEXTE

I	Lk 2,21	Namengebung Jesu am achten Tag
II	Gal 3,26–29	Durch den Glauben Gottes Kinder in Christus Jesus
III	1. Mose 17,1–8	Abraham soll dein Name sein

LIEDER

A	Komm, heiliger Geist	156
E	Nun lasst uns gehn und treten	58,1–3.11–15
W	Freut euch, ihr lieben Christen all	60
P	Jesus soll die Losung sein	62
S	Als die Welt verloren	53
	(O du fröhliche	44)

LITURGISCHE FARBE

Weiß als Farbe der Christusfeste und des göttlichen Lichts

Ps 8,2.3–10:

HERR, unser Herrscher, wie herrlich ist dein Name in allen Landen,

der du zeigst deine Hoheit am Himmel!
Aus dem Munde der jungen Kinder und Säuglinge
hast du eine Macht zugerichtet um deiner Feinde willen,
dass du vertilgest den Feind und den Rachgierigen.
Wenn ich sehe die Himmel, deiner Finger Werk,
den Mond und die Sterne, die du bereitet hast:
was ist der Mensch, dass du seiner gedenkst
und des Menschen Kind, dass du dich seiner annimmst?
Du hast ihn wenig niedriger gemacht als Gott,
mit Ehre und Herrlichkeit hast du ihn gekrönt.
Du hast ihn zum Herrn gemacht über deiner Hände Werk,
alles hast du unter seine Füße getan:
Schafe und Rinder allzumal,
dazu auch die wilden Tiere,
die Vögel unter dem Himmel und die Fische im Meer
und alles, was die Meere durchzieht.

HERR, unser Herrscher, wie herrlich ist dein Name in allen Landen!

– *Ehr sei dem Vater und dem Sohn*

AUFFORDERUNG ZU BITTRUF UND LOBPREIS

Noch will das Alte unsre Herzen quälen,
noch drückt uns böser Tage schwere Last.
Ach Herr, gib unseren aufgeschreckten Seelen
das Heil, für das du uns geschaffen hast.
Wir rufen:

– *Herre Gott, erbarme dich*

Von guten Mächten wunderbar geborgen,
erwarten wir getrost, was kommen mag.
Gott ist mit uns am Abend und am Morgen

und ganz gewiss an jedem neuen Tag.
Wir singen:

- *Ehre sei Gott in der Höhe*

TAGESGEBET

Lasst uns beten:
Gütiger Gott und Vater,
du bist alle Zeit bei uns gewesen in dem, was vergangen ist.
Dafür danken wir dir und bitten dich:
Zeig uns den Weg des Kommenden,
Dass wir uns auf *dich* verlassen
in der Verheißung des Namens deines Sohnes:
Jesus, Heiland, Retter!
Dir sei Ehre in Ewigkeit!

- *Amen.*

SCHRIFTLESUNG(EN)

(1. Mose 17,1–8)
Gal 3,26–29

Halleluja.
Ich will dich loben mein Leben lang und meine Hände in deinem Namen aufheben.

- *Halleluja.*

GLAUBENSBEKENNTNIS

(Evtl. Nicäno-Konstantinopolitanum)

STICHPUNKTE FÜR EINE PREDIGT

- Martin Luther: „Auf diesen Tag pflegt man das Neujahr austeilen auf der Kanzel, als hätte man sonst nicht genug nützliche, heilsame Dinge zu predigen, dass man solch unnütze Fabeln anstatt des göttlichen Wortes vorgeben müsste, und aus solchem ernstem Amt ein Spiel und Schimpf machen. Von der Beschneidung fordert das Evangelium zu predigen und von dem Namen Jesu, darauf wollen wir sehen."

- Weihnachten wird meist reduziert auf die Zeit von Heiligabend bis zum 26. 12. Dabei umfasst Weihnachten doch die Zeit bis zum Epiphanias-Tag. Schön zu sehen ist das an Bachs Weihnachts-Oratorium, das aus 6 Kantaten besteht, die aufgeteilt sind auf die Sonn- und Feiertage vom 25. 12. bis 6. 1. Eine dieser Kantaten, nämlich die fünfte, ist für den Tag der Beschneidung und Namengebung geschrieben.

- Wer einen Gottesdienst zum neuen Jahr macht, kann kaum den Gedanken der Namengebung Jesu miteinbeziehen. Umgekehrt allerdings ist das gut möglich. Das wird deutlich an den liturgische Stücken für diesen Tag wie auch am Lied „Jesus soll die Losung sein" (EG 62). Dort heißt es: „Jesus soll die Losung sein, / da ein neues Jahr erschienen; / Jesu Name soll allein / denen heut zum Zeichen dienen, / die in seinem Bunde stehn / und auf seinen Wegen gehn."

- Die Terminierung des Neujahr-Festes ist Schwankungen unterworfen. So begann das Neue Jahr im Mittelalter vielerorts am 25. 12. (also mit dem Christfest). Auch Luther betont, dass der „Neue-Jahrs-Tag" für Christen an Weihnachten liegt.

- Mit dem Neuen Jahr beginnt eine neue Zahl in der Geschichte. Die Tage der Weihnachtszeit aber sind ein Stück Heilsgeschichte. Das Heil kommt nicht von den Zahlen, sondern von unserem Herrn Jesus Christus.

- Was neu ist, haben wir in der Taufe bekommen. „Wir bedürfen keines anderen mehr", sagt Luther. Der Firlefanz mit den Zahlen bringt uns allenfalls neue Zahlen, aber kein neues Leben

Gebet und Fürbitten

Lasst uns beten!
Unsere Kleider können wir wechseln, o Herr. Mehrmals täglich, wenn wir wollen. Aber aus der Haut können wir nicht fahren, auch wenn wir das gerne möchten. Gute Vorsätze sollen uns dabei helfen, den neuen Lebensabschnitt, der mit dem

neuen Jahr beginnt, anders zu gehen, zurückzulassen, was uns das Herz schwer machte, und abzustreifen, was uns zur Last geworden ist. Wir möchten uns gerne ändern und fallen immer wieder auf uns herein. Zum Himmel möchten wir und entdecken entsetzt, dass der Weg zur Hölle mit guten Vorsätzen gepflastert ist. Es ist zum Aus-der-Haut-Fahren. Wir wären am Verzweifeln, wenn du uns nicht das Hoffnungslicht wärest. Den Namen deines Sohnes stellst du uns vor Augen. Jesus, Heiland, Retter. Dein Engel hat es verkündigt: Jesus. Ein Name aus dem Himmel umstrahlt uns auf der Erde. Nicht wir sind's, die wir durch Vorsätze zu dir kommen. Du bist zu uns gekommen in deinem Sohn, der den Namen trägt deiner Verheißung, dass du uns rettest aus unserem Elend. Immer wieder sind wir im *alten* Glauben, der Mensch könne sich selbst retten. Doch *das Neue* erlangen wir so nie. Das Neue ist nur in dir, in dem Bund, den du durch deinen Sohn uns geschenkt hast.

Wir beten zu dem *einen* Gott
und bitten
für die Kirche,
die Eine,
dass sie einträchtig ist im Herzen
mehr denn in der Tracht,

die Heilige,
dass sie durch Gott geheiligt wird
und nicht durch Zahlen und Figuren,

die Katholische,
dass sie nicht allein eine Römische sei,
sondern nach Einheit unter *Gottes* Autorität sucht;

die Christliche,
dass sie *in Christus Jesus* ihren Retter erhofft,
der für uns Sünde und Tod überwunden hat;

und die Apostolische,
dass du deinen Heiligen Geist zu uns sendest,
die wir deiner harren,
auf dass wir dich loben und verkündigen wie einst die Apostel;

und wir bitten für die Gemeinschaft der Heiligen,
dass wir an unseren Anfängen und Übergängen auf dein Wort
hören,
das da heißt: Jesus.
Unsere Bitte ist die Erfüllung deines Namens,
dass du uns errettest.
Amen.

Stilles Gebet

Gebet des Herrn

Segen

Epiphanias

Zur Bedeutung und Herkunft des Feiertages

1. Liturgiegeschichtlicher Kontext und Ursprung

Epiphanias ist das älteste Christusfest, dessen Wurzeln im Gegensatz zu Ostern und Pfingsten nicht jüdischen Ursprungs sind. Als *epifaneia*, als Erscheinung des Herrn (cf. Tit 2,11; 3,4; Einfluss von Psalm 117,26.27) ist es zunächst im Osten am 6. Januar als Fest der Geburt Jesu gefeiert worden. In der Frühzeit des Christentums und zur Zeit der Märtyrer (2. Jh.) ist es noch nicht nachweisbar. Erst in Auseinandersetzung und in Abgrenzung zu gnostischen Lehren und heidnischen Riten entstand das Epiphaniasfest als Geburtsfeier Jesu am 6. Januar wahrscheinlich in Ägypten,[1] und zwar im 4. Jahrhundert. Sicher bezeugt wird es erstmals am Übergang vom 4. zum 5. Jahrhundert durch einen Bericht von Johannes Cassian, wobei bereits eine *antiqua traditio* vorausgesetzt wird, wonach Epiphanias „in Ägypten zu dieser Zeit bereits als ein altes Fest der Kirche empfunden wird."[2] Bis zur Durchsetzung des Weihnachtsfestes im Westen mit seiner Fixierung auf den 25. Dezember hat das Epiphaniasfest durchaus eigenständigen Charakter entwickelt und behauptet. Gegenüber dem heutigen Christfestdatum ist es sogar das ältere und ursprünglichere Fest, das Taufe und Geburt des Herrn zum Inhalt hatte.[3] Erst mit der Bindung des Weihnachtsfestes an den spätan-

---

1 Einen Frühansatz des Epiphanias-Festes hat die Forschung inzwischen als nicht haltbar erwiesen. Vgl. dazu Friedhelm Mann, Epiphaniasfest I, Kirchengeschichtlich/ 1. Entstehung, TRE Bd. IX, S. 763.
2 TRE, S. 763.
3 H.-C. Schmidt-Lauber/K.H. Bieritz, in: Handbuch der Liturgik, Göttingen/Leipzig 2 1995. Hier: Das Kirchenjahr, S. 477.

tiken solaren Kalender[4] ist Epiphanias liturgiegeschichtlich in den Weihnachtsfestkreis integriert und dem 25. Dezember nachgeordnet worden. Dabei wurde seine ursprünglich christologische Ausrichtung auf das Fest der Geburt und Taufe des Herrn zugunsten des Weihnachtsfestes zurückgedrängt.

Epiphanias wurde so schon früh in die Vielzahl der Bedeutungen aufgefächert, die im Namen des Festes als *epifaneia* angelegt sind[5]: als Fest der Geburt und Taufe des Herrn (Mt 3,13–17), als Ankunft und Anbetung der Magier (Mt 2,1–12) und als Erscheinen der Wundertätigkeit des Gottessohnes (Joh 2,1–12; Mk 6,31–44; Mt 8,5–13; Mk 4,35–41). Im Weihnachtsfestkreis verknüpfte sich damit der biblische Hintergrund der Geburts- und Taufüberlieferung des Ostens mit der Kindheits- und Geburtsgeschichte Jesu nach Matthäus, den der Westen mit dem Christfest verband.

2. Entstehung und Wurzeln des Festes

Nach der Quellenlage ist es nicht mehr möglich, einen exakten Zeitpunkt zur Entstehung des Epiphaniasfestes anzugeben.[6] Der Ursprung des Epiphanie-Gedankens und des Festes liegt vermutlich in Ägypten und entwickelte sich in Auseinandersetzung mit dem ägyptischen Nilkult:[7] In der Nacht vom 5. auf den 6. Januar wurde dort die Geburt des Sonnengottes Aton aus der Jungfrau Kore gefeiert. Am Tage darauf folgte ein Gang zum Nil, aus dem heilbringendes Wasser geschöpft wurde.[8] In diesem Ritus waren Sonnen- und Nilkult verschmolzen. Wahrscheinlich war es die christliche Gruppe der Basilidaner, die schon im 3. Jahrhundert diesen Brauch aufnahm und christlich-gnostisch

---

4 In Auseinandersetzung mit dem Sol-*invictus*-Fest wird das Weihnachtsfest auf den 25. 12. gelegt; Schmidt-Lauber/Bieritz, S. 478. An dieser Entwicklung wird deutlich, wie die Kirche auf ihr religiöses Umfeld reagierte: Ein heidnisches Fest wird adaptiert und von Christus her gedeutet.
5 Mit Mann, TRE IX, S. 766f.
6 Mann, TRE IX, S. 763.
7 K.H. Bieritz, Das Kirchenjahr, BsR 447, München 1994, S. 198f.
8 K.H. Schmidt-Lauber/Bieritz, Handbuch, S. 477.

interpretierte. Sie feierte am 6. (oder 10.) Januar „mit einem nächtlichen Gottesdienst die Taufe Jesu im Jordan, die sie als die eigentliche Zeugung und Geburt des Christus versteht"[9].

Die Kirche in Ägypten hat auf dieses Fest im 4. Jahrhundert schließlich in der Weise reagiert, dass sie Teile des Ritus rezipierte und das so interpretierte Epiphaniasfest dem entgegensetzte. Johannes Cassian bezeugt diese Feier erst am Ende des 4. Jahrhunderts ausführlich.[10] Er legt dar, dass man am Epiphaniastag zwei Inhalte feierte: die Taufe des Herrn und seine Geburt. Er spricht dann von dem Epiphaniasfest als dem ersten festen Punkt des (Kirchen-) Jahres, dem die beweglichen Feste im Osterfestkreis folgen.

Das Epiphaniasfest wird 419 in Rom sicher datiert vom römischen Präfekten Symmachus.[11] Es gelangte, wahrscheinlich von der Ostkirche ausgehend, über Gallien, Spanien und Norditalien nach Rom. Dort wurde es dem bereits „heimischen Weihnachtsfest zur Seite gestellt"[12].

3. Inhalt und biblischer Hintergrund

Vom historischen Entstehungskontext her hat Epiphanias *vor* seiner Verknüpfung mit dem Christfesttermin zunächst diese beiden Inhalte verbunden: *das Fest der Geburt und der Taufe Jesu.* Die Epiphanie des Herrn wurde nicht nur punktuell auf die Geburt Jesu bezogen, sondern inhaltlich über diese ausgedehnt auf das Zeugnis der Gottessohnschaft Jesu: Epiphanias sollte gerade auch Zeugnis geben von dem göttlichen (Wunder-)Wirken und Handeln in Christus. So deutet der Evangelist Johannes das Weinwunder (Joh 2,11): „Das ist das erste Zeichen, das Jesus tat ..., damit offenbarte er seine Herrlichkeit." Schließlich wurden auch die Berichte über die Speisungswunder zur Deutung dieses Tages aufgenommen.

Erst als das Epiphaniasfest dem Weihnachtsfestkreis zugeord-

---

9 Schmidt-Lauber/Bieritz, Handbuch, S. 477.
10 Mann, TRE IX, S. 763.
11 Mann, TRE IX, S. 765.
12 Schmidt-Lauber/Bieritz, Handbuch, S. 477.

net wurde, erhielt im Westen das Motiv der Taufe am Erscheinungsfest Vorrang und entwickelte sich zum Tauffest der Kirche. Bei der Übernahme des Festes wurde Epiphanias in der lateinischen Umschreibung auch durchaus vielgestaltig gedeutet: als *manifestatio, ostensio, declaratio, apparitio.*[13] Während in Spanien und Norditalien die Speisungswunder (Mt 14,13ff; Joh 6,1–13; Mk 8,1–9) in den Motivkreis um Epiphanias aufgenommen wurden, entfaltete man in Rom den gesamten Motivkomplex in einem Weihnachtsfestkreis und ordnete die Texte einander zu.[14]

Die Anbetung der Magier (Mt 2,1–12) rückte am 6. Januar immer mehr in den Vordergrund und verdrängte damit den ursprünglich christologischen Akzent der Gottessohnschaft und Taufe Jesu. Die Taufe wurde auf den Folgesonntag bzw. den Oktavtag der Epiphanie (13. Januar) verschoben. Am nachfolgenden Sonntag schließt sich die Hochzeit zu Kana (Joh 2,1–12) an. Der Epiphaniasfestkreis wird abgeschlossen mit der Verklärung Jesu (Mt 17,1–9).

Mit Ausnahme der armenischen Kirche bleibt im Osten der 6. Januar der Gedenktag der Taufe Jesu und wird als Festtag von hohem Rang seit dem 4./5. Jahrhundert bezeugt.

Im Zuge der Heiligen- bzw. Reliquienverehrung im frühen Mittelalter wird der Epiphaniastag immer stärker zum Tag der Heiligen Drei Könige, zum Dreikönigsfesttag, umgedeutet. Als Ergänzung oder Appendix zum Christfest am 25. Dezember verliert das Epiphaniasfest an Bedeutung und Rang. Als „Doublette" des Christfestes missverstanden, wird es zunehmend in dessen Schatten gestellt.[15]

4. Luther und die Ausformung des heutigen Festes

Vom 4.–14. Jh. konkurrierte der 6. Januar noch mit anderen Terminen, insbesondere mit dem Neujahrsfest (1. 1.) des römischen Kalenders.

Martin Luther besann sich auf die Tradition der Alten Kir-

13 Mann, TRE IX, S. 767.
14 Bieritz, Das Kirchenjahr, S. 199.
15 Mann, TRE IX, S. 770 mit ähnlicher Schlussfolgerung.

che, den 6. Januar als christlichen Neujahrstag zu begehen. Von alters her wurden wohl in der liturgischen Gestaltung des Epiphaniasfestes Ostertermin und die Zeiten und Daten anderer Feste feierlich verkündet. Luther wollte den Epiphaniastag von seiner einseitigen Motivausrichtung auf die Ankunft der Magier an der Krippe befreien. Ihm war die Mehrgestaltigkeit der Themen des Epiphaniastages bekannt, die als „tria miracula" im 7. Jahrhundert in die römische Liturgie aufgenommen worden waren. Deshalb spricht er 1536 darüber: „Wir haben viel zu predigen illo festo: primo de Evangelio, deinde de baptismo, deinde de aqua vinum facta. Ad Evangelion. Von der Offenbarung der Weysen in Arabia."[16] Luther betont die Taufe Jesu als den eigentlichen Inhalt des Epiphaniasfestes und fordert eine entsprechende Umbenennung des Festes.

Mit dieser Forderung aber hat er sich nicht durchsetzen können. Liturgiegeschichtlich blieb Mt 2,1–12 als Evangelienlesung und zentrales Motiv bestimmend. Dennoch versuchte die lutherische Reformation, die Epiphaniaszeit stärker zu verbinden durch die Übernahme der Lesungen des Festes der Verklärung auf den letzten Sonntag nach Epiphanias.

Im Gegensatz dazu haben die Reformierten dieses Fest nie gefeiert. Einzelne Kirchenordnungen hoben Epiphanias auf (so die Ordnung von Kassel 1539 und die der Pfalz von 1563).In der preußischen Zeit wurde Epiphanias, wenn der 6. Januar nicht auf einen Sonntag fiel, am darauf folgenden Sonntag gefeiert. Nach 1945 setzte sich in der EKD eine doppelte Evangelienlesung für Epiphanias durch, mit der versucht wird, den Bezug auf die Taufe Jesu (Mt 3,13–17) und den ursprünglichen Charakter des Festes zurückzugewinnen.

5. Die Feier in der römischen Liturgie und in der Erneuerten Agende der Ev. Kirche

Im Zuge der ständig wachsenden Urlaubsbewegung droht auch Epiphanias im allgemeinen Jahresanfangsurlaub unterzugehen.

16 WA 36,43.20–29.

In den meisten Bundesländern – mit Ausnahme von Bayern und Baden-Württemberg – ist Epiphanias bereits nicht mehr gesetzlich geschützter Feiertag, sondern Werktag. Die römische Kirche hat im Codex Rubricanum 1960 und im Messbuch Pauls VI. (1970) darauf reagiert und präzisiert, dass Epiphanias dennoch zu den Hochfesten gehört. Es kann aber, wenn es kein gebotener Feiertag ist, „auf den Sonntag zwischen dem 2. und 8. Januar gelegt werden."[17] Die evangelische Kirche hat die Verlegung des Festtages in ähnlicher Weise gelöst, wie das Beispiel von Kurhessen-Waldeck zeigt. Sah die „alte" Agende I von 1968 noch ein Nachholen der Feier „am Sonntag danach"[18] vor, so schlägt die Erneuerte Agende I von 1995 vor: „Wenn am 6. Januar kein Gottesdienst stattfindet, sollte Epiphanias am vorangehenden (!) Sonntag gefeiert werden.[19] In der Ausgestaltung und Zählung der Sonntage nach Epiphanias weicht die römische Ordnung seit der nachkonziliaren Liturgiereform von der althergebrachten Ordnung des Kirchenjahres ab. Während die ev. Kirche mit den Sonntagen nach Epiphanias (im Höchstfall 6 Sonntage) eine eigene Epiphaniaszeit begeht, zählt die neue römische Ordnung, beginnend mit dem 1. Sonntag nach Epiphanias, die Sonntage im Jahreskreis durch (insgesamt 33–34 Sonntage).[20] Im Jahreskreis sind jetzt nur noch der 1. Sonntag nach Epiphanias (als Fest der Taufe des Herrn) und der 2. Sonntag nach Epiphanias (Hochzeit zu Kana) von Epiphanias her geprägt.[21]

In der liturgischen Ausgestaltung der Feier des Epiphaniasfesttages gibt es im römischen und evangelischen Formular jedoch viele Übereinstimmungen: Evangelium ist Mt 2,1–12; als Epistellesung wurde Eph 3,2–6 gewählt: die Heiden werden in das Evangelium miteinbezogen. Alttestamentlicher Licht-Text ist übereinstimmend Jes 60,1–6. Als Introitus findet sich hier wie da Ps 72.

17 Hansjörg Auf der Maur, Feiern im Rhythmus der Zeit I. Herrenfeste/Epiphanie, S. 163, in: Handbuch der Liturgiewissenschaft Teil 5, hg. v. Fr. Pustet, Regensburg 1983.
18 Agende I, S. 79.
19 EA, I, S. 111.
20 Schmidt-Lauber/Bieritz, Handbuch, S. 470.478; Auf der Maur, Feiern, S. 164.
21 Auf der Maur, Feiern, S. 165.

Homiletisch hat sich durch diese liturgische Entscheidung in der Ordnung I vor allen anderen die Perikope Mt 2,1–12 durchgesetzt. Im Mittelpunkt steht die Anbetung der Magier. Sie werden zum Beispiel der suchenden Menschen, die ihren Weg gehen und finden. Sie kommen mit Gaben und gehen als Beschenkte. Die weiteren Evangelientexte des Tages (Reihe II–IV der Erneuerten Agende) bezeugen Christus als Geheimnis und Licht (Joh 1,15–18), an dem alle durch das Evangelium teilhaben können (2. Kor 4,3–6), auch die Fernen und die Heiden (Eph 3,2–6).

In der Epiphanias-Zeit geht es darum, die erschienene Herrlichkeit Jesu zu verkündigen, sein machtvolles Wirken von der Taufe bis zu seiner Verklärung (Mt 17,1–13).

Schließlich schlägt die Erneuerte Agende I der EKKW (1995) eine Brücke zum Schlussteil der römischen Messe. Unter „Besonderheit des Tages" heißt es: „Kinder und Jugendliche können in einer ökumenischen Aktion als ‚Sternsinger' ausgesandt werden."[22] In der römischen Festmesse ist dies im Zusammenhang mit dem Schlusssegen Brauch. Außerdem ist dort die „Segnung von Wasser, Weihrauch und Kreide", sowie die „Haussegnung … durch Familienangehörige im Rahmen eines Wortgottesdienstes vorgesehen."[23]

6. Brauchtum

Zahlreiche Bräuche haben sich um den Epiphanias-Festtag entwickelt. Sie haben zum einen das Motiv der Heiligen Drei Könige unterstrichen, zum anderen das der Taufe Jesu.

Während im Osten in den Kirchen das Taufwasser geweiht und die Flüsse gesegnet werden, haben sich im Westen bis auf den heutigen Tag volkstümliche Bräuche um die drei Weisen erhalten:

- Sternsinger ziehen unter der Führung des Sternes als Könige verkleidet von Haus zu Haus. Sie singen Dreikönigs-, Krip-

22 EA I, S. 111.
23 Auf der Maur, Feiern, S. 164 f.

pen- oder Heischelieder. Man bringt also keine Geschenke, sondern erwartet welche. In der letzten Zeit ist das Sternsingen verbunden worden mit der Sammlung für die bischöflichen Hilfswerke. Dieser Brauch ist im ganzen deutschsprachigen Raum bekannt, von Südtirol bis in den Süden der Niederlande. Urkundlich fassbar ist dieser Brauch seit dem 15./16. Jahrhundert, er geht aber bis ins Mittelalter zurück.

- Das Sternsingen weist Berührungspunkte zu den Dreikönigsspielen auf. Diese waren ein bedeutendes Element der mittelalterlichen Epiphaniefeier und waren als *officia stella*, als liturgische Spiele weit bekannt. In zahlreichen alten Handschriften wird diese Tradition bezeugt. Als kostümierte Aufzüge mit Musik und Gesang wurden sie im Spätmittelalter selbständig aufgeführt und lösten sich vom geistlichen Rahmen des Gottesdienstes. Es entwickelten sich kleine Spiele zu dörflichen ,Heischgesängen' und kleine Stubenspiele. In den Brauchspielen zum 6. Januar erscheint stets noch einmal die Weihnachtsgeschichte, im Vordergrund stehen aber Herodes und die drei Könige. Aus diesen Dreikönigs- und Herodesspielen, die auch durch die Schulen tradiert wurden, entwickelten sich in landschaftlich verschiedener Ausprägung die Krippen- und Bethlehemspiele.

- Weniger zu der liturgischen Spieltradition als zum Element der Benediktion im Gottesdienst gehört das Segnen der Häuser am 6. Januar. Neben dem allgemeinen Haussegen, der stets am Epiphaniastag gespendet worden ist, hat sich vor allem in den deutschsprachigen Ländern eine besondere Form entwickelt: Mit Kreide wird über den Türbalken die Formel geschrieben: *20 + C + M + B + Jahreszahl*. Gewöhnlich wird dies interpretiert als Caspar, Melchior, Balthasar (nach der Tradition die Namen der Drei Heiligen Könige). Später wurde dies aber auch verstanden als: Christus mansionem benedicat (Christus segne dieses Haus). Möglicherweise steht dieser Brauch im Zusammenhang mit der altgermanischen Wintersonnenwende.[24] Es kann sein, dass sich hier

---

24 Religionsgeschichtlich zu vergleichen ist das Anbringen von Mesusot an dem vom Eintretenden aus gesehen rechen Hauspfosten, wie

„die Idee des sog. Calendenganges"[25] erhalten hat: Durch eine (beschwörende?) Formel erbittet man, dass sich die Heilsgötter im eigenen Haus aufhalten. „Es ist auffällig, dass dieser Segen nirgends in mittelalterlichen Handschriften oder Inkunabeln zu finden ist."[26]Interessant bleibt, dass die Magier aus dem Weihnachtsevangelium bereits seit Origenes aufgrund der Dreizahl der Geschenke als Drei Heilige Könige gedeutet wurden. Schon in dieser Zeit sind ihnen die Namen Caspar, Melchior und Balthasar beigegeben worden.

Sicherlich hat die feierliche Überführung der angeglichen Reliquien von Mailand nach Köln am 23. Juli 1164 zu einer weiteren Intensivierung ihrer Verehrung geführt. Diese Reliquien werden im Dreikönigsschrein aufbewahrt. An manchen Orten gewinnt der Epiphaniastag durch das entstandene Brauchtum beinahe den Charakter eines selbständigen Heiligenfestes.

Die Einbettung dieses Dreikönigsmotivs in die Vielfalt des Evangeliums, das von der Geburt, der Taufe und der erschienenen Herrlichkeit Gottes im Menschensohn zu erzählen weiß, wird die Aufgabe von Liturgie und Predigt im Gottesdienst sein. Es gilt, den Reichtum des Epiphaniastages zurückzugewinnen und jeweils einen Akzent in den Predigtreihen zu betonen. Für die Gottesdienst Feiernden müsste auch deutlich werden, wie sie diesen vergessenen Feiertag sinnvoll gestalten können in der kirchlichen Feier und zu Hause.[27]

es in der jüdischen Religion Brauch ist. Diese Türpfosteninschriften bestehen aus Dtn 6,4–9; 11,13–21, knüpfen an die gleichlautenden Worte von Dtn 6,9 und 11,20 an und haben wohl ursprünglich apotropäisch-exorzistische Funktion; vgl.: G.Gafus, NBL II, S. 787.

25 Auf der Maur, Feiern, S. 161
26 Auf der Maur, Feiern, S. 161
27 In unserer nordhessischen Heimat gibt es den alten Brauch, dass am Epiphaniastag der Weihnachtsbaum abgeschmückt und aus dem Haus getragen wird als sichtbares Zeichen, dass die Weihnachtszeit, die am 25. 12. begann, nun am 6. 1. zu ihrem Ende gekommen ist.

Liturgie und Predigt zu Epheser 3,2–6

GLOCKEN

ORGELVORSPIEL

BITTE UM DEN HEILIGEN GEIST:

Komm, Heiliger Geist (EG 156)

VOTUM UND FREIE BEGRÜSSUNG

… (mit dem Hinweis): Wir feiern noch einmal einen Weihnachtsgottesdienst: Epiphanias. Das älteste Fest, das die Geburt und das Erscheinen Jesu begeht. In der Ostkirche wird es heute noch am 6. Januar gefeiert, bei uns ist es als Epiphaniasfest erhalten geblieben. Jesus als Licht für die Welt. Darüber wollen wir nachdenken. Das werden wir auch symbolisch ausdrücken: In der Lichterfülle, im Gebet und in der feierlichen Liturgie.

EINGANGSLIED

Der Morgenstern ist aufgedrungen (EG 69,1–4)

EINGANGSPSALM

Lasst uns Gott loben mit Worten aus dem Psalm 72.
  Ps 72, 18a.19b – die Antiphon
  Ps 72,1–2.10–12.17

GLORIA PATRI

AUFFORDERUNG ZUM BITTRUF

Oft sind wir festgelegt durch Meinungen, verfallen in Schubladendenken. Dunkles breitet sich aus. Ich ertappe mich bei einer engen, festgelegten Sicht. Das versperrt mir den Zugang zu Menschen, den Zugang zur Lebendigkeit des Lebens, den Zugang zum Unscheinbaren und Unbeachteten.

– *Kyrie eleison*

AUFFORDERUNG ZUM LOBPREIS

Wir erleben auch das andere; Gott kommt im Unscheinbaren, Unbeachteten zu uns. Auf einmal fällt Licht in das Dunkel mitten im Alltag. Da geht mich die schwierige Situation des Fremden, des Nachbarn etwas an. Wir suchen nach Möglichkeiten, nach Hilfen und Begleitungen. Mit allen, die das erfahren haben und denen diese Verheißung gilt, loben wir Gott und singen:

– *Laudate omnes gentes / Lobsingt, ihr Völker alle* (EG 181.6)

TAGESGEBET

Gott, himmlisches Gegenüber, du hast uns in Jesus gezeigt, wie Licht in diese dunkle Welt kommt, wie Menschen befreit werden und vertrauensvoll leben können. Wir bitten dich: Erfülle uns alle, die dir vertrauen, mit dem Licht deiner Liebe, deiner Zuwendung und Weite. Das bitten wir dich durch Jesus Christus, deinen Sohn, unseren Bruder und Herrn, der mit dir lebt und Leben gibt in Ewigkeit.
Amen

SCHRIFTLESUNG

Mt 2,1–12 (Die Weisen aus dem Morgenland)

CREDO

Die Gemeinde spricht ein neueres Credo aus Kurhessen – Waldeck (1966) EG S. 53

TAGESLIED

Auf, Seele, auf und säume nicht (EG 73,1–5)

Epheser 3,2–6

Du Morgenstern, du Licht vom Licht (EG 74,1–4)

Abkündigungen

FÜRBITTENGEBET

(gemeinsam mit Lektoren / Kirchenvorstehern)

Hinführung: Lasst uns nun unsere Fürbitten vor Gott bringen. Wir wollen dies heute tun, indem wir Jesus erinnern als Licht der Welt. Wir wollen Lichter anzünden für Menschen, die wir Gott anvertrauen. Auf die einzelnen Bitten lasst uns antworten: Herr, erbarme dich (EG 178.10)

Wir entzünden an der Altarkerze das Christuslicht. Wir erinnern Jesus, der sagt: Ich bin das Licht der Welt. (Entzünden eines Teelichtes durch ein Gemeindeglied. Die Lichter werden im Kreis auf dem Altar gruppiert).

Wir beten: Gott, himmlischer Vater. Wir danken dir, dass du in Jesus dein Licht gesandt hast, dass du dich verletzbar und doch Leben spendend gezeigt hast. Wir danken dir für dein Wort, das uns bis heute beschreibt, wer du bist und wie du zu uns kommst: nicht als Geheimglaube, sondern als Botschaft für alle Menschen. Wir rufen gemeinsam:

– *Herr, erbarme dich, Christus, erbarme dich, Herr, erbarme dich.*

Wir entzünden ein Licht für die Fernen, für die Christen und alle Glaubenden in der Ökumene. (Entzünden des zweiten Lichtes.)

Wir beten: Christus, durch deine Art zu lieben und zu glauben hast du uns gezeigt, wie wir Grenzen überwinden können, auf Menschen immer wieder neu zuzugehen und offen zu ihnen zu sein. Wir bitten dich darum für die Menschen mit uns und in der weltweiten Kirche. Hilf uns, sie nicht aus dem Blick zu verlieren. Lass uns offen sein für ihre Art der Anbetung und wie du dich ihnen gezeigt hast als Geheimnis der Welt. Für sie und unsere Partnerkirchen bitten wir.

– *Herr, erbarme dich* …

Wir entzünden ein Licht für die Nahen, für nahe stehende Menschen: Freunde, Nachbarn, Verwandte. (Entzünden der dritten Kerze.)

Wir beten: Gott, so oft fehlt uns die Zeit, sagen wir, einander richtig zu begegnen. Wir bitten dich: Hilf uns und segne unsere Beziehungen. Bewahre uns vor falscher Rede und verurteilenden Worten. Gib uns vielmehr den Mut, Menschen mit hineinzunehmen in unseren Glauben: Freunde, Nachbarn, Verwandte. Wir rufen gemeinsam:

– *Herr, erbarme dich* …

Wir entzünden ein Licht für Menschen ohne Glauben, ohne Licht in ihrem Leben. (Entzünden der vierten Kerze.)

Wir beten: Christus, du kennst die Finsternis des Todes, die Mächte des Dunklen und des Zweifels. Du teilst sie mit uns, wenn wir uns dir anvertrauen. Darum bitten wir dich für Menschen, die nicht mehr vertrauen können, die sich ein falsches Bild von Gott und der Welt gemacht haben und daran zerbrechen. Wir bitten um deine Hilfe und rufen:

– *Herr, erbarme dich* …

Wir entzünden ein Licht für die Kranken: für Menschen, die an Leib und Seele krank sind. (Entzünden der fünften Kerze).

Wir beten: Gott, wir bitten für die, die krank geworden sind. Hilf du in dunklen Stunden, in Phasen der Anfechtung und der Tränen. Sei du Stütze und Hoffnung, auch für die, die sich dem Tode nahe wissen. Schenke du Pflegenden und Angehörigen die Kraft zur Liebe, zur treuen Fürsorge. Erneuere du Leib und Seele durch deinen lebendigen Geist und durch medizinische Möglichkeiten. Wir rufen gemeinsam:

– *Herr, erbarme dich* …

Wir entzünden ein Licht für alle Heiligen, die uns im Glauben vorausgegangen sind, die wir zu Grabe getragen haben. (Entzünden der sechsten Kerze.)

Wir beten: Christus, du hast den Tod besiegt. Wir gedenken vor dir der lieben Menschen, die wir begraben mussten. Es fällt schwer, unsere Zeit ohne sie zu leben und ohne sie zu gestalten. Gib uns Einsicht und Glauben, dass sie bei dir geborgen sind und mit uns verbunden durch dich in deiner himmlischen Herrlichkeit. Wir rufen gemeinsam:

– *Herr, erbarme dich …*

Wir entzünden das letzte Licht für Menschen, die uns unmittelbar anvertraut sind: unsere Familie, unsere Kinder, Eltern und Freunde. (Entzünden der siebten Kerze.)

Wir beten: Gott, du bist größer als unsere Sorgen, unsere kleine Kraft und unsere gut gemeinten Wünsche und Hoffnungen. Dir vertrauen wir uns und unsere Familien aufs Neue an. Wir bitten für unsere Freunde um Wegweisung. Wir bitten um dein Geleit in dieser neuen Woche und den Tagen, die vor uns liegen. Wir rufen gemeinsam:

– *Herr, erbarme dich …*

VATER UNSER

SCHLUSSLIED

Herr, wir bitten, komm und segne uns (EG 590,1)

SEGEN

ORGELNACHSPIEL

Predigt zu Epheser 3,2–6

Gott gebe euch viel Gnade und Frieden durch die Erkenntnis Gottes und Jesu. Amen.

Liebe Gemeinde!

Sind wir nicht zu spät dran mit der Erinnerung an Weihnachten? – Ist es nicht zu spät für ein Fest, das Jesu Erscheinen feiert? – Ich vermute, die meisten von uns haben spätestens am 6. Januar den Christbaum abgeschmückt. Die Geschenke haben ihren Platz gefunden. Und auch der Schmuck aus den Zimmern ist wieder verschwunden. Alles liegt gut verstaut auf dem Dachboden oder im Keller. Epiphanias im Westen. –

Ganz anders sieht es dagegen in den Ostkirchen aus: Dort wird am 6. Januar noch heute das Weihnachtsfest gefeiert. So, wie es ursprünglich in der Alten Kirche seit dem 4. Jahrhundert Brauch war. Auch die römische Kirche begeht diesen Epiphaniastag in besonderer Weise: als Dreikönigsfesttag. Sternsinger ziehen von Haus zu Haus. Familien und Häuser werden gesegnet: C – M – B: Christus mansionem benedicat – Christus segne dieses Haus.

Leider ist dieser Festtag unter uns Evangelischen in Vergessenheit geraten. Epiphanias wird oft nur als Ende der Weihnachtszeit verstanden. Gewissermaßen als Kehraus, als Abschluss. Doch wie geht das zusammen? Hier das Ende und dort der Anfang des Weihnachtsfestes? Und: Was würden sie antworten, wenn sie jemand fragt: Und was ist jetzt? Was hat das Weihnachtsfest nun alles gebracht – außer ein paar Pfunden mehr? Wir hören nun Orgelmusik und haben dabei Zeit, darüber nachzudenken.

– *Meditationszeit*

Hören wir, was der Epheserbrief sagt. Im dritten Kapitel schreibt der Apostel:

– *Lesung Epheser 3,2–6*

Zugegeben, das ist keine leicht verständliche Antwort. Keine, die wir erwartet hätten. Schwer verständliche Begriffe benutzt der Apostel hier. Vielleicht sind ihnen noch einige im Ohr. Vom Auftrag und vom Amt war die Rede. Von Gottes Gnade und Geist dazu. Vom Geheimnis Christi. Und von den Heiden, die alles miterben sollen – nach der Verheißung.

Zwei Dinge möchte ich herausgreifen. Zwei Dinge, die manche unter uns auch aufgegriffen hätten. Das eine ist die Rede von dem „Geheimnis". Und das andere ist der Zeitpunkt, das „jetzt", das ja in der Eingangsfrage angesprochen war. Auch der Brief spricht von einem Früher und einem Jetzt, von einem Zeitpunkt vor und nach dem Bekanntmachen des Geheimnisses. Da gibt es doch Berührungspunkte. Da knüpfen wir an.

Denken sie zurück: Ein Geheimnis gab es Weihnachten bestimmt auch bei Ihnen im Haus. Ein Geheimnis, das mit dem Schenken oder Vorbereiten eines Geschenkes verbunden war; als gebastelt oder eingepackt wurde, vor anderen versteckt, die es nicht entdecken sollten. Ein Geheimnis hat seinen Ort, seine Zeit. Und am spannendsten ist es, wenn es gelüftet wird, wenn wir miterleben, wie es andere überrascht, beschenkt und froh macht.

Diese ganze Dichte eines solchen Erlebnisses spüren wir auch dem Schreiber dieses Briefes ab. Mit vielen wichtigen Begriffen drückt er das Geheimnis aus. Und er versteht sich dabei sogar als Mittler, als Überbringer des Ganzen.

Er spricht nicht von irgendeinem sagenumwobenen Geheimnis. Er meint ein bestimmtes: das Geheimnis Christi. Damit verbindet er das Geheimnis des Kommens Jesu. Dieses Geheimnis soll für alle Heiden geöffnet und bekannt gemacht werden. Ein großer Anspruch und Auftrag.

Ich finde diesen Abschnitt über das Geheimnis sehr spannend und hilfreich. Im Unterschied zu vielen derzeitigen religiösen Strömungen wird hier nicht verschwommen argumentiert. Hier ist nicht von etwas Mysteriösem die Rede, für das die Worte fehlen, nicht von etwas Unbeschreibbarem, das unklar wäre. Ganz deutlich wird hier beschrieben, was es mit dem Geheimnis Jesu auf sich hat, was es ist und auf wen es ausgerichtet ist. Der Schlussvers unseres Textes sagt es und gibt uns zugleich Antwort auf unsere Ausgangsfrage, was uns Weihnachten nun gebracht hat.

Alle Menschen sollen in den Glauben mit hineingenommen werden, heißt es. Alle Heiden sollen Miterben werden, Menschen, die mit zur Gemeinde zählen, Mitschwestern, Mitbrüder, Glaubensgenossen durch den Glauben an Jesus, den Christus. Wenn wir das noch einmal auf die Weihnachtszeit übertragen, bedeutet es auch dies: Das Geheimnis Christi ist Geschenk für alle Menschen, die sich dem Glauben an Christus öffnen.

Für die damalige Zeit, für die Juden und die Christusgläubigen in der jüdischen Religion, waren das neue Töne. Alle, auch die Fremden, die Andersgläubigen und Ausländer, alle werden Miterben im Reich Gottes sein, Miterben nach der Verheißung.

Neue Töne damals. Aber auch heute, gerade im Blick auf die Ausländerfrage und den Umgang mit Andersgläubigen? Bis auf den heutigen Tag tun wir uns in den christlichen Gemeinden schwer damit. Wir wirken eher ausgrenzend als einladend. Wir trauen uns nicht, Menschen mit hineinzunehmen in unseren Glauben. Dabei will die Erinnerung an das Geheimnis Christi auch die Neuen integrieren, die in unseren Gemeinden ankommen und zuziehen, Fremde und auch Freunde.

Bis auf den heutigen Tag sind deshalb auch die Magier, die später die drei Weisen genannt wurden, ein Sinnbild für die Heiden, die Fremden, und ihre Ankunft an der Krippe. Sie sind zum Sinnbild geworden wegen ihrer Anbetung und der Art, wie sie dem Kinde huldigten. Ihr Weg zum Glauben war wegweisend.

Vielfache Deutungen sind in der bildenden Kunst versucht worden im Blick auf die Weisen: Sie repräsentieren drei Völker und drei Religionen, so deutete man ihre Dreizahl. Fest steht aber doch: Durch besondere Führung und das Erscheinen eines Sternes sind auch sie zu dem Ort geführt worden, an dem sich Gott im Kinde zeigt. So finden auch sie Zugang zu Gott. Sie erkennen Gottes Größe in Jesus an. Das weckt ihre Art der Anbetung und Verehrung.

Das ist das Geheimnis, von dem der Epheserbrief spricht: Dass mit der Geburt Jesu ein Weg zu den Andersgläubigen, ein Weg zu den Menschen, zu uns gebahnt worden ist.

Diese Grenzüberschreitung, dieses Mithineinnehmen der Anderen in die Beziehung zu Israels Gott, das ist das Neue am Kommen Jesu. Menschen mit hineinnehmen in die Beziehung zu Gott, das ist auch für uns heute Geschenk und Aufgabe. Erkenntnismäßig ist das für uns nicht mehr neu. Aber was gibt es da auch Neues außer dem, was man tut: das Alte. Sichtbar wird das im praktischen Vollzug des Glaubens, im Zusammenleben mit den Anderen. Ein paar Beispiele und Hinweise fallen mir ein. Menschen mit hineinnehmen in den Glauben bedeutet Grenzüberschreitung. Das wird im neuen Jahr ein Hinsehen und Hinhören, ein Einmischen bedeutet. Wo sind Menschen angekommen in unserer Gemeinde? Könnte ich sie einladen zu einem Gottesdienst? Gibt es Möglichkeiten der Begegnung? Vielleicht im Frauenkreis, im Jugendclub, in der Seniorenrunde?

Wie wird das Thema der Ausländer, der Fremden, der Russlanddeutschen verhandelt im Gespräch am Stammtisch, auf der Straße, im Ortsbeirat, im Kirchenvorstand und zu Hause?

Menschen werden hineingenommen in den Glauben. Gemeint ist sicher auch die Familie, die Angehörigen, die Verwandten. Ein weites Feld tut sich auf. Grenzen des Lebens und Glaubens werden überschritten.

Ich möchte das Alte, das nicht mehr neu ist, zum Schluss noch einmal anders wenden und betrachten, auch im Blick auf unsere Ausgangsfrage. Was hat uns Weihnachten jetzt gebracht? Wir wollen es aus der Blickrichtung Gottes betrachten, der zu uns gekommen ist und grenzüberschreitend wirkt.

Das Geheimnis Christi hat uns gezeigt: Gott möchte in Beziehung zu uns sein. In Beziehung zu allen Menschen, die in Christus guten Willens sind. So sehe ich die andere Seite des Geheimnisses, das sich uns an Epiphanias erschließen will. Mit dem Kind in der Krippe, mit seinem Erscheinen, wird uns auch diese Seite Gottes gezeigt, ja zugemutet. Gott ist im Grunde ein Gott auf Beziehung hin, nicht ausschließend, sondern öffnend und verbindend. Gott will mit uns in Kontakt sein hier in diesem Leben. Er lässt sich finden und ermöglicht uns dadurch die Kraft zu einem Leben, das den Glauben bezeugt und weitergibt.

So überschreitet Gott seine Grenzen. Er kommt vom Himmel auf die Erde, begegnet dem Glaubenden und dem Andersdenkenden, dem Fremden und dem Freund. Gott kommt und zeigt sich im menschlichen Gesicht Jesu. Dort lässt er sich finden, im Kind in der Krippe und im Manne am Kreuz. Dieser Weg entgrenzt den Himmel, er möchte von uns weiter beschritten werden. Auf ihm liegt das Heil für unsere Zeit und die Welt. Auf diesem Weg, den wir mit Jesus Tag für Tag mitgehen, scheint Gottes Licht immer wieder neu auf.

Epiphanias, das Fest des Erscheinens Jesu, erinnert noch einmal an dieses Licht in der Welt. Es macht uns aufmerksam auf die vielen mit uns und neben uns. Manche tragen dieses Licht schon weiter, andere werden noch Lichtträger werden. Unter dieser Verheißung gehen wir im neuen Jahr unseren Weg. Das alles hat uns Weihnachten gebracht. Das ist das gelüftete Geheimnis und bleibt doch rätselhaft. Gottes Liebe überschreitet Grenzen, und wir gehören dazu.

Warum also nicht an Epiphanias ein Licht anzünden, Lichter, damit Christus im neuen Jahr unseren Weg erhellt? (Im Fürbittengebet nachher wollen wir das tun und für Menschen Lichter anzünden. So wird die Verbindung mit dem Licht Christi sichtbar.) Für einen solchen Erinnerungstag ist es nicht zu spät.

Liturgischer Entwurf zu
Kolosser 1,24–27

SPRUCH DES TAGES

Die Finsternis vergeht, und das wahre Licht scheint jetzt. (1. Johannes 2,8)

LITURGISCHE FARBE

Weiß als Symbol des göttlichen Lichtes und der Christusfeste.

Epiphanias gehört zu den leider verschütteten Feiertagen unseres Kirchenjahres. Unsere Agenden teilen zu Epiphanias Seltsames mit. Darunter diese Bemerkung: „Kann das Fest der Erscheinung des Herrn (Epiphanias) nicht am 6. Januar selbst gefeiert werden, so wird es auf den ersten Sonntag nach dem 1. Januar verlegt (2. bis 5. Januar)" (so das Perikopenbuch der VELKD 1985 S. 95; etwas vorsichtiger die neue Agende der EKKW). Mittlerweile gibt es Gemeinden, die *Epiphanias am 1. Sonntag nach Epiphanias* feiern, dafür wird dann der Inhalt dieses Sonntages (die Taufe Jesu) ersatzlos gestrichen. Zu den Absonderlichkeiten unserer Begehung des Kirchenjahres gehört, dass wir zwar die Sonntage *nach* Epiphanias zählen und feiern, aber *Epiphanias* weithin nicht mehr. Wieso *kann* Epiphanias nicht am 6. 1. gefeiert werden? Wieso muss es verschoben werden? Wer käme je auf den Gedanken, den 25. Dezember zu verschieben? Was hindert die Gemeinden in den Bundesländern, in denen der 6. Januar kein gesetzlicher Feiertag ist, Epiphanias auch an Wochentagen zu feiern? Spätestens die Diskussion um die Abschaffung des Bußtages als gesetzlichem Feiertag hat doch gezeigt, wie sehr es an den Gemeinden liegt, ob sie einen kirchlichen Feiertag auch weiterhin ins Bewusstsein rücken, gleich wie der Staat sich verhält. Dabei lohnt es sich, Epiphanias als Feiertag im Lauf des Kirchenjahres der Vergessenheit und der Beliebigkeit zu entreißen. Ein Blick in die Geschichte zeigt das Alter des Epiphaniasfestes (4. Jahrhundert). Epiphanias und Weihnachten gehören zusammen wie die zwei Brennpunkte einer Ellipse. Weihnachten stellt den Gedanken der Erniedrigung in den Vordergrund, Epiphanias betont den herrscherlichen Aspekt dieses Vorganges. „Es ist wirklich Gott der Herr, der sich in Jesus der Menschheit zuwendet und seine Königsherrschaft über die Welt aufrichtet"[28]. Alle für den 6. Januar vorgesehenen Predigttexte beleuchten dieses Geschehen, und in den Liedern wird das Geheimnis göttlichen Waltens besungen. Wer eine Last darin sieht, mitten

28 Bieritz, Das Kirchenjahr, S. 226.

in der Woche einen weiteren Gottesdienst vorzubereiten, dem sei auch die Chance vor Augen gestellt, einen Aspekt der Weihnachtszeit wieder zu entdecken. Am 6. Januar können Weihnachtskonzerte stattfinden (die allzu oft in die Adventszeit verschoben werden), die 6. Kantate des Weihnachtsoratoriums von J.S. Bach hat hier ihren Platz. Lesungen verdeutlichen das Gesungene, Weihnachtslieder zeigen uns den Zusammenhang der Tage vom 25. 12.–6. 1. Und die Gemeinde wird mit hineingenommen in die Heilsgeschichte Gottes. Nehmen aber die Stimmen überhand, die meinen, „Epiphanias sagt mir nichts mehr", dann wird das Begehen einer Stufe der Heilsgeschichte Gottes in das Belieben von Pfarrern (oder Kirchengemeinden) gestellt. Aber woran liegt es denn, wenn ein Feiertag „mir nichts mehr sagt"? Vielleicht liegt einer der Gründe darin, dass wir uns und den Gemeinden den Sinn des Kirchenjahres nicht mehr bewusst machen. Demgegenüber stünde es unserer Kirche gut an, den Sinn heiliger Zeiten neu zu entdecken und das Wort *heilig* wieder ernst zu nehmen: Heilig ist, was zu Gott gehört. Ist uns in der Kirche das Durchwandern der Heilsgeschichte Gottes im Kirchenjahr nicht mehr heilig?

Ein Vorschlag, das Kirchenjahr den Gemeinden wieder näher zu bringen: In vielen Gemeinden gibt es Gemeindebriefe oder Ähnliches. Wie wäre es, jeden Sonntag mit seiner liturgischen Farbe und seiner Einbettung in das Kirchenjahr vorzustellen? Ich tue das in der „Bürgerzeitung" der politischen Gemeinde(!), und die überregionale(!) Resonanz ist erstaunlich.

LIEDER

Jesus ist kommen, der König der Ehren (EG 66)
Wie schön leuchtet der Morgenstern (EG 70)
O König aller Ehren (EG 71)
Du Morgenstern, du Licht vom Licht (EG 74)

LESUNGEN

Psalm 72, 1–18
Mt 2,1–12

KYRIE

Herr, unser Gott, du erfüllst die ganze Welt mit deiner Gnade, und wir nehmen und leben von deiner Barmherzigkeit.

GLORIA

Gott sendet sein Licht denen, die in Finsternis und Schatten des Todes wohnen.

GEBET DES TAGES

Unsere Augen können dich nicht sehen, o Gott. Die Macht deines Lichtes ertrügen wir nicht. Du aber hast Jesus Christus zu uns gesandt, und er hat uns deine Nähe verkündigt. Davon leben wir in Ewigkeit.

PREDIGTTEXT

Kolosser 1,24–27

Gedanken zur Predigt

Folgen wir dem Fingerzeig des Briefschreibers. In der Mitte des Lebens stehen wir und erfahren das Geheimnis Gottes. Uns kommt Jesus entgegen, der vor uns war. In ihm vereinen sich die Verborgenheit Gottes und seine Offenbarung. Wir sind von Gott umgeben in Raum und Zeit. „Von allen Seiten umgibst du mich und hältst deine Hand über mir", so benannte es der Beter des Psalms 139. Gott beschützt uns vor seinem Glanz, damit wir seine Herrlichkeit sehen können: Unser Herz die Krippe, und Christus *in uns* geboren. An einer Frage aber sollte der Prediger nicht vorübergehen: Was bedeutet es, dass die Gemeinde die Versammlung der *Heiligen* genannt wird (so auch CA 8; EG 808)?

GEBET NACH DER PREDIGT

Heilig ist Gott, der Herr. Die Engel stimmen den Lobgesang an, und wir stimmen mit ein. Heilig ist Gott, der Herr. Wir führen das Wort im Mund, unser Herz ist erfüllt von der Heiligkeit Gottes, und unser Verstand stellt Fragen. Was ist uns noch heilig im Leben, wo Menschen Menschen knechten und missbrauchen und die Natur geschändet wird? Was ist uns noch heilig im Leben, wenn selbst die Heiligkeit Gottes am Kreuz hängt – gestern und heute und immer wieder? Manchmal, o Gott, sind diese Fragen unerträglich. Sie treiben uns um, und wir bleiben hängen im Gestrüpp unserer Antworten. So richten wir unseren Blick auf Jesus, deinen Sohn. In ihm hast du dich erniedrigt, bist eingegangen mit deiner Heiligkeit in heillose Zeiten. Du wirst zum Licht in den Dunkelheiten, dein Glanz wird zur Wärme in der oft so kalten Welt. Wir halten uns an dich, weil wir sonst nichts haben. Du weist uns den Weg zur Heiligkeit. Und der beginnt in der Dunkelheit. Auch wenn wir an diesem Geheimnis zu knabbern haben, möchten wir dir mit Herzen, Mund und Händen danken, dass du dich in unserem Leben finden lässt.

Liturgie und Predigt zu Matthäus 2,1–12

TAGESPSALM

Psalm 72,18a.19b (Antiphon); 1–2.10–12.17

AUFFORDERUNG ZUM BITTRUF

Unterwegs sind wir wie die Könige und suchen ein Ziel. Wie oft aber finden wir uns nicht zurecht mit unserem Leben, mit unseren Zeitgenossen, auch mit den Allernächsten. Unterwegs sind wir wie die Könige und wissen doch nicht, wohin es geht mit uns und mit unserer Welt. Darum kommen wir zu Gott und bitten ihn und rufen:

– *Kyrie eleison, Christe eleison, Kyrie eleison*

Aufforderung zum Lobpreis

Gott lässt den Stern aufgehen über uns und spricht: Mein Angesicht soll dich begleiten. An einen Ort der Barmherzigkeit und des Friedens und der Liebe will ich dich führen. Wir hören es und loben Gott in der Gemeinschaft aller Engel.

– *Gloria patri*

Tagesgebet

Jesus, Gottessohn, du bist der helle Morgenstern und bringst Licht in das Dunkel der Welt. Hilf uns, wach und aufmerksam zu sein und stärke uns, wenn wir müde sind und verzagen. Lass dein Licht aufgehen über uns und allen Menschen – heute und morgen und alle Tage, die wir leben, bis wir bei dir sind in Ewigkeit.

Gebet und Fürbitten

Lasst uns beten und rufen: Herr, erleuchte unseren Weg.[29]

Gott, du hast uns eine große Hoffnung anvertraut, eine geheimnisvolle Sehnsucht hast du tief in uns hineingelegt, eine geistliche Kraft geschenkt, die uns voranträgt. Und wir sehen den Stern und folgen ihm, gelangen über uns selbst hinaus und finden Freude. Dankbar sind wir dafür, dankbar auch und vor allem für die Menschen, die uns dabei zur Seite sind. Darum lass nachklingen in uns und in so vielen Häusern, was für mehr gedacht ist als für wenige Weihnachtstage. Wir rufen:

– *Herr, erleuchte unseren Weg.*

Wir bitten: Sende dein Licht, Gott, der Barmherzigkeit, wo Hunger und Armut, Krankheit und Tod das Leben zu einer unerträglichen Last machen. Wir rufen:

– *Herr, erleuchte unseren Weg.*

---

29 In Anlehnung an ein Gebet von Sigrid Lunde in: Gottesdienst Praxis Bd.1, Gütersloh 1996; die anderen liturgischen Stücke und Gebete sind nach der EA der EKKW, S. 115–117.

Wir bitten: Sende dein Licht, Gott des Friedens, wo Misstrauen und Hass, Streit und Krieg deine Güte zunichte machen. Wir rufen:

– *Herr, erleuchte unseren Weg.*

Wir bitten: Sende dein Licht, Gott der Liebe, wo Ungerechtigkeit und Unterdrückung den Lebenswillen der Völker zerbrechen. Wir rufen:

– *Herr, erleuchte unseren Weg.*

STILLES GEBET

LIEDER

Der Morgenstern ist aufgedrungen (EG 69,1–4)
Wie schön leuchtet der Morgenstern (EG 70,1–4)
Stern über Bethlehem (EG 542,1–4; Anhang EKKW)
Die Nacht ist vorgedrungen (EG 16,1+4)

PREDIGT

Liebe Gemeinde!

„Ach ja!" mag jemand denken, wenn er in diesen Tagen an die Besonderheit des 6. Januars erinnert wird: „Das ist ja Epiphanias, der Tag der Heiligen Drei Könige!" Aber die Erzählung von den „Weisen aus dem Morgenland" wirkt dann doch ein wenig irritierend so kurz nach dem Jahreswechsel. Unsere Gedanken haben längst eine andere Richtung eingeschlagen. Und außerdem waren sie doch schon da, die Könige. Im Krippenspiel haben wir sie gesehen. Fein herausgeputzt waren sie und mit schönen Gewändern bekleidet. Und der eine war – wie sich's gehört – schwarz geschminkt. Gold, Weihrauch und Myrrhe haben sie gebracht, so wie es dasteht, und ihren Text aufgesagt. Und selbstverständlich durften sie auch bei den Figuren der vielen Weihnachtskrippen nicht fehlen. Caspar, Melchior und Balthasar, wie sie der Tradition nach heißen. Sie haben ihren festen Anteil am weihnachtlichen Glanz in festlich geschmückten Wohnzimmern und Kirchenräumen.

Aber jetzt noch einmal an sie erinnern? Wo wir uns an-schickten, die nadelnden Weihnachtsbäume abzuschmücken und zu entsorgen – oder es gar schon getan haben? Wo die Krippenfiguren wieder in weich ausstaffierten Kisten verbor-gen werden, um das frisch begonnene Jahr bis zum nächsten Christfest zu verschlafen?

Es passt irgendwie ins Bild, wenn das Epiphaniasfest und mit ihm die Erzählung von den Weisen aus dem Morgenland meist im wiedergekehrten Alltag untergeht. Allenfalls die ka-tholischen Sternsinger erinnern daran, wenn sie ihre Lieder singen und das Kürzel des Haussegens „C – M – B" mit der neuen Jahreszahl über die Haustür malen. Und ein Parteitag wird zum „Drei-Königs-Treffen", auch wenn es dort mehr um die politische Selbstfindung und Neuausrichtung zur Rettung eigener Machtansprüche geht.

Also: Keine Chance mehr für die Heiligen Drei Könige? Oder vielleicht doch ein Anstoß, sich noch einmal zu erinnern? Und mit ihnen zu fragen, ob denn etwas von dem eben vergangenen Weihnachtsfest bleibt und ins neue Jahr hinüberwirkt?

Letzteres lohnt sich, meine ich. Auch wenn das dabei gilt, was manchmal im Nachspann zu einem Film zu lesen ist: „Ähnlichkeiten mit lebenden Personen sind rein zufällig!" Aber die Charaktere im Film wie die in einer Geschichte wol-len ja etwas vermitteln. Sie stehen für die eine oder andere Art zu leben. Und auch dafür, wie der Frage nach dem Sinn des Le-bens eine Antwort gegeben wird. Auch in der Geschichte von den „Weisen aus dem Morgenland" ist das so.

Deren persönlicher Charakter zeigt sich in der Erzählung gerade im Gegenüber zu ihrem Gegenspieler König Herodes. Mit ihm müssen sie sich auseinander setzen; auf ihn sind sie sogar ein wenig angewiesen. Denn er vermag die entscheiden-den Leute herbeizurufen, die ihnen weiterhelfen – Hohepries-ter und Schriftgelehrte. Aber von ihm müssen sich die Weisen auch absetzen, wollen sie nicht zu seinen Handlangern und Komplizen werden. Kurz: An Herodes kommen sie nicht vor-bei. So oder so.

Bleiben wir erst einmal bei Herodes – so wie sein Charakter in der Erzählung gezeichnet wird. Herodes ist ein Mensch, der von der Macht besessen ist. Er will bestimmen, regieren, herrschen um jeden Preis. Obwohl es für ihn gar nicht so viel zu herrschen gibt. Er ist ja nur König von Roms Gnaden, eine Marionette im Gefüge kaiserlicher Macht. Aber den ihm gewährten Machtbereich will er unbedingt erhalten. Und jeder, der ihm den streitig machen könnte, muss weichen. Dafür vergisst er schon einmal die Verantwortung für die von ihm Regierten. Dafür frisst er – bildlich gesagt – notfalls sogar deren Kinder und die eigenen dazu.

In Herodes, dem Tyrannen, begegnet eine Lebensweise, die etwas an sich Gutes und Wichtiges ins Gegenteil verkehrt: Nämlich „sein eigenes Reich" zu haben, in dem man sich frei und ungestört entfalten kann. Die genau so gute und wichtige Öffnung nach außen gelingt dann nicht mehr. Das neue Sein, das sich hier mit Jesu Geburt ankündigt, wird als Angriff auf die eigene Person verstanden. Eigene Interessen stehen über dem Lebensrecht anderer.

Herodes steht für alle, die um jeden Preis ihre Pfründe sichern. Er ist der Repräsentant eines ganz und gar unweihnachtlichen Lebensstils. Er steht für den Übergang zur Tagesordnung mit ihren zum Teil alles andere als heiligen Geschäften. Ganz anders die „Weisen aus dem Morgenland". Sie machen sich auf und verlassen ihr eigenes Reich. Sie sind auf der Suche, bereit, sich dem Neuen zu öffnen, das mit Jesus kommt, und es in ihr Leben einzubeziehen: „Wir haben seinen Stern gesehen im Morgenland und sind gekommen, ihn anzubeten!"

Dass sie Könige sind, wie es für fast jedes Krippenspiel selbstverständlich ist, geht eigentlich gar nicht aus der Geschichte hervor. Diese Aussage hat wohl ihren Ursprung im Tagespsalm (Ps 72) und der Prophetenlesung (Jes 60). Sie kündigen das Kommen heidnischer Könige mit Geschenken zur Geburt des jüdischen Thronfolgers an. Und dass es drei sind, ergibt sich gut aus der Zahl der mitgebrachten Geschenke: Gold, Weihrauch und Myrrhe.

Das ganz Besondere daran aber ist: Die da kommen und so reden, sind keine Angehörigen des Volkes, als dessen Kind Jesus geboren wird. Seine Schriften und Riten sind ihnen fremd.

Sie sind orientalische Weise mit anderer Religion, heidnische Magier, wie sie ursprünglich richtig bezeichnet wurden. Sie beobachteten und befragten die Sterne, um aus ihrem Lauf geschichtlich bedeutsame Ereignisse abzuleiten.

Damit stehen sie für so viele, die aus einer religiösen Sehnsucht heraus auf der Suche sind. Auch und vor allem außerhalb der Kirchen. Die Kunst der Sterndeutung ist gefragt wie selten zuvor, der Esoterikmarkt boomt; Tarotkarten werden sogar in den Tagesthemen nach einer Perspektive für die wirtschaftliche Entwicklung im Lande befragt. Auf der Suche nach Sinn und Lebensdeutung werden viele religiöse Wege ausprobiert – auch ungewöhnliche.

Wenngleich das Ansehen und der Einfluss der Kirchen geringer wird – es ist keineswegs eine Gesellschaft ohne Religion, in der wir heute leben. Bemerkenswert dabei in unserer Geschichte ist, dass Matthäus, der Evangelist jüdischer Herkunft, die heidnische Kunst der Sterndeutung nicht negativ bewertet. Immerhin ist es der Stern, der die „Weisen aus dem Morgenland" überhaupt aufbrechen lässt. Statt über unkirchliche religiöse Wege zu klagen, tun also auch wir als christliche Gemeinde gut daran, die Suchenden ernst zu nehmen. Es ist an uns, darüber nachzudenken, ob wir denn tragfähige Antworten haben und wie sich das, was wir glauben, sichtbar und überzeugend in unser Leben hinein übersetzen lässt.

Die orientalischen Sterndeuter zumindest erweisen sich in ihrer Suche als wahrhaft weihnachtliche Menschen. Sie glauben den prophetischen Weissagungen, die sie zu hören bekommen, und gehen nach Bethlehem. Es ist das Wort des Gottesvolkes und der Kirche, das ihrer Suche das Ziel weist. Kein anderes. Sie hören es und finden daraufhin, was sie gesucht haben: „Und sie gingen in das Haus und fanden das Kind mit Maria, seiner Mutter, und fielen nieder und beteten es an und taten ihre Schätze auf und schenkten ihm Gold, Weihrauch und Myrrhe!"

So findet eine Begegnung mit dem Göttlichen statt, die das Leben verwandelt. So fällt Licht in die Finsternis. Das Alltägliche wird abgelegt.

Die Könige, die genug Macht und Reichtum haben, halten sich nicht daran fest. Sie beten den König der Menschlichkeit an, der ihnen in der Gestalt des Jesuskindes begegnet. Die Sterndeuter sehen und begreifen: Der neugeborene Christus ist der wahre Morgenstern, der aufgegangen ist, und leuchtet zum Zeichen, dass eine neue Herrschaft der Barmherzigkeit, des Friedens und der Liebe begonnen hat. Der Stern, der die drei Könige in Bewegung gesetzt hat, hat sie nur zu ihm hingeführt. Nur? – Nein, immerhin! Auf diese Weise wird ja der Himmelsstern erst zum Symbol für den Gottesstern, nicht mehr wegzudenken aus weihnachtlichen Liedern, Bildern und Krippenspielen.

Mit der Geschichte von den Weisen, den heidnischen Sterndeutern, die nach Bethlehem kommen, wird das Epiphaniasfest zu einem besonderen Ort: Hier öffnet sich das Weihnachtsgeschehen nach außen. Von den Angehörigen des erwählten Gottesvolkes zur Fülle der Völker. Die „Freude, die allem Volk widerfahren wird", springt über auf die Völker der ganzen Welt. Auch das spiegelt sich wider in der Zahl der Könige: Die Dreizahl – ein Symbol der Fülle und Vollkommenheit.

Vielleicht findet das seine Entsprechung nun auch noch auf eine andere Weise: So wie der Stern Menschen von draußen ins Zentrum des Weihnachtsgeschehens führt und an der Krippe des Christuskindes versammelt, so wie darum unzählig viele – bewusst oder unbewusst – die Geborgenheit ihrer Familien suchen, um eben dieses Fest wie kein anderes gemeinsam zu feiern – so müsste es nun auch eine Bewegung wieder nach außen geben, die von diesem Geschehen ihren Ausgang nimmt: Der Christusstern lässt Menschen aufbrechen und über Grenzen gehen. Auch über Grenzen zwischen Völkern und Rassen, „sogar über die bewachtetste und gefährlichste aller Grenzen", wie sie der Theologe Eberhard Jüngel umschreibt: „Er führt über uns selbst hinaus!" So kommt es zu wahren Begegnungen von Menschen. So wächst auch in und gegen die herodianische Vereinzelung unseres Alltags wahre Gemeinschaft. Und es können sich Barmherzigkeit und Frieden und Liebe ausbreiten.

Die Geschichte von den „Weisen aus dem Morgenland" lässt Raum für eine solche Vision. Die Könige lassen sich nicht mehr auf eine Rückkehr zu Herodes und schon gar nicht auf seine Lebensweise ein. Innerlich geöffnet durch die weihnachtliche Begegnung mit dem Christuskind findet sie Gott sogar im Traum „Und sie zogen auf einem anderen Weg wieder in ihr Land!" Auch das ist ein Zeichen für das Neue, das begonnen hat.

Epiphanias, das Fest der Erscheinung Jesu Christi, ist zu Beginn des neuen Jahres ein guter Ort, der Erzählung von den Weisen noch einmal nachzugehen. Und wir beginnen auch zu begreifen, warum sie schon in unseren Krippenspielen nicht fehlen durften: Sie sind die wahrhaft weihnachtlichen Menschen, Suchende, die ans Ziel gelangen und die als neue Menschen zurück in den Alltag gehen. Sie, die aus der Fremde gekommen sind, haben sogar mehr verstanden als die Hohenpriester und Schriftgelehrten, die es da ja auch noch gibt. Die wissen zwar alles und nehmen es zur Kenntnis, stehen aber letztlich nur unbeteiligt daneben.

So wie ihnen soll es uns nicht ergehen, wenn wir jetzt wieder den Weg in unseren Alltag gehen, wenn man nach dem Urlaub oder nach den Ferien wieder überall zur Tagesordnung übergeht. Und auch wie Herodes soll es uns nicht gehen. Sondern gerade so wie den „Weisen aus dem Morgenland". Und dabei soll für uns gelten, was Jochen Klepper in dunkler Zeit gedichtet hat:

„Noch manche Nacht wird fallen auf Menschenleid und -schuld.
Doch wandert nun mit allen der Stern der Gotteshuld.
Beglänzt von seinem Lichte hält euch kein Dunkel mehr,
von Gottes Angesichte kam euch die Rettung her." (EG 16,4)
Amen.

Sören Kierkegaard über Mt 2,1–12:

Wo war da am meisten Wahrheit:
Bei den drei Königen,
die einem Gerücht nachliefen,
oder bei den Schriftgelehrten,
die mit all ihrem Wissen
ruhig sitzen blieben?

Liturgie und Predigt zu Johannes 1,15–18

Spruch zum Tage

Die Finsternis vergeht, und das wahre Licht scheint jetzt. (1. Johannes 2,8)

Liturgische Farbe

Weiß als Symbol des göttlichen Lichtes.

Glockengeläut lädt zum Gottesdienst

Orgelvorspiel

(wo es möglich ist: „Brich an, du schönes Morgenlicht" mit dem Satz von J.S. Bach)

Bittruf um den Heiligen Geist

O Heilger Geist, kehr bei uns ein (EG 130,1)

Eingangsvotum

L: Im Namen des Vaters und des Sohnes und des Heiligen Geistes

– *G: Amen*

L: Der du die Zeit in Händen hast, Herr, nimm auch dieses Jahres Last und wandle sie in Segen.
(Wo eine Jahreskerze in der Kirche steht, kann sie nach dem Amen entzündet werden).

Eingangslied

O König aller Ehren (EG 71)

Eingangspsalm

Psalm 100 (EG 740) im Wechsel

Kyrie

So spricht der Herr: Lass die an meiner Gnade genügen; denn meine Kraft ist in den Schwachen mächtig (2. Kor 12,9a). Zu ihm rufen wir:

Gloria

Das ist ein köstlich Ding, dem Herrn danken und lobsingen deinem Namen, du Höchster, des Morgens deine Gnade und des Nachts deine Wahrheit verkündigen (Psalm 92,2.3).

Und deshalb ehren wir Gott mit allen Christen auf Erden und allen Engeln in den Himmeln.

Gebet des Tages

Deine Gnade, o Gott, ist mein Trost in zerrissenen Zeiten; dein Licht umglänzt uns in den dunklen Tälern; dein Sohn wird uns zum Zeichen deiner Nähe heute und in alle Ewigkeit.

Lesung

Matthäus 2,1–12 (das Evangelium)

Predigtlied

Lobt Gott, ihr Christen alle gleich (EG 27)

Predigttext

Johannes 1,15–18
   (nach Verlesen des Predigttextes ein meditatives Musikstück)

Lied nach der Predigt

Ich steh an deiner Krippen hier (EG 37,1–9)

Wie viele Menschen haben in ihrem Leben danach gejammert, dich, o Gott, einmal sehen zu können! Wie viele Menschen haben ihre Hände in der Verzweiflung gerungen, um dir, o Gott, einmal ins Angesicht schauen zu dürfen! Wie viele Menschen erhofften in den Nächten ihres Lebens, einmal deine Gegenwart, o Gott, zu erblicken. Oft genug vernahmen sie deine Warnung: Niemand kann mich schauen, und waren betrübt durch die sich dehnende Zeit. Niemand hat dich jemals gesehen, o Gott. Deine Gnade wurde oft genug als dein Fernsein erlebt, deine Barmherzigkeit oft genug als verschwebende Stille ohne Antwort. Aber die vielen Gebete, Wünsche und Hoffnungen, die dich im Himmel belagerten, erlebten Erfüllung, als du den Himmel zerrissest und sichtbar wurdest. Du unsichtbarer Gott bist in einem Menschen anschaulich geworden. Du unsichtbarer Gott umglänzt dieses Leben, weil du Mensch unter Menschen wurdest. Du unsichtbarer Gott setzt sichtbare Zeichen in dieser Welt, die uns den Himmel erschließen. Wir danken dir durch Jesus Christus, deinen Sohn, in dem du der Welt erschienen bist in deinem göttlichen Glanz.

Deshalb öffnen wir dir in diesem von dir umgebenen Raum unsere Herzen und wollen in der Stille unseren Freuden und unserem Leid Flügel verleihen, dass sie fliegen bis zu dir.

STILLES GEBET

Aus der Tiefe unseres Lebens erheben wir unsere Stimme und beten mit den Worten, die uns Jesus gelehrt hat:

VATER UNSER

SEGENSLIED

Herr, wir bitten: Komm und segne uns (EG 590,1)
(es ist möglich, das Lied 590 als Segenslied in jedem Gottesdienst zu singen, und zwar den Vers 1, wenn die Kirchenfarbe weiß ist; den Vers 2 bei den Kirchenfarben grün und rot und den Vers 3 zur Kirchenfarbe violett)

SCHLUSSLIED

O du fröhliche (EG 44; während dieses Lied gesungen wird, werden nacheinander die Kerzen an dem Weihnachtsbaum gelöscht als sichtbares Zeichen des Endes der Weihnachtszeit).

ORGELNACHSPIEL

Predigt über Johannes 1,15–17

Liebe Gemeinde!

In einem Ort, in dem nur Blinde wohnten, erschien eines Tages ein Mann mit einem Elefanten. Da die blinden Einwohner Elefanten nur vom Hörensagen kannten, sie aber nie betastet, geschweige denn gesehen hatten, baten sie den Fremden, den Elefanten mit ihren Händen berühren zu dürfen. Der Fremde erlaubte es ihnen.

Alsbald machten sich die Ortsbewohner mit ihren Händen an den Elefanten, erst vorsichtig tastend, dann immer selbstsicherer zugreifend. Und mit ihren Händen nahmen sie nun auf, wie ein Elefant sei. Des Abends am Feuer vor den Hütten berichteten sie von ihren Erlebnissen, erzählten von dem, was sie da „begriffen" hatten.

Der eine, der an den Rüssel des Elefanten geraten war, berichtete von einem schlangenähnlichen Tier. Ein anderer „sah" in dem Elefanten ein großes rundes Lebewesen – er hatte ein Ohr betastet. Ein Dritter, der die Stoßzähne ergriffen hatte, meinte, ein Elefant sei ein sehr hartes, längliches Gebilde. Alsbald gerieten die Blinden untereinander in Streit darüber, wer wohl den Elefanten richtig begriffen habe. Den Elefantenführer zu befragen war nicht mehr möglich. Er hatte seinen Weg fortgesetzt.

Mich beeindruckt dieses Märchen. Zeigt es doch, wie schwer es uns fällt, zu begreifen, was wir nicht sehen, zu schauen, was unseren Augen verborgen ist, weiterzugeben, was wir nur bruchstückhaft erkannt haben. Manch einer leidet darunter. Und manch einer von uns sagt dann: „Ich glaube nur das, was ich sehe. Ich verlasse mich ganz auf meine Augen und meinen Verstand." Und manch einer findet sich wieder in den Worten eines Liedes unseres Gesangbuches (EG 482,3), in dem es heißt: „So sind wohl manche Sachen, die wir getrost belachen, weil unsere Augen sie nicht sehn!"

Niemand hat Gott je gesehen. So sagt es Johannes in seinem Evangelium. Und Menschen, die die Chance hatten, Gott zu sehen, schlugen vor dem Glanz Gottes ihre Augen nieder. Moses verhüllte sein Angesicht, weil er sich fürchtete, Gott anzuschauen. Und Elia verhüllte sein Antlitz beim Kommen Gottes. Niemand hat Gott je gesehen. Gott ist nicht sichtbar. Und darunter leiden sehr viele Menschen. Einmal wie der Jünger Thomas mit eigenen Augen sehen und mit eigenen Händen begreifen können – dann würde man glauben. Und weil uns das nicht möglich ist, sagt dann mancher wieder: „Weil ich Gott nicht sehen kann, glaube ich nicht an ihn."

Niemand hat Gott je gesehen. Damit entzieht er sich auch unserer Verfügungsgewalt. Denn alles, was unser Auge schaut, will von uns in Besitz genommen werden. Wie oft versuchen wir, das auch haben zu wollen, was wir sehen: das schöne Mädchen dort auf der Tanzfläche, die hübschen Sachen dort in den Auslagen, die bunten Blumen auf den sonnendurchfluteten Waldwiesen, die Arbeitskraft eines Menschen in den besten Jahren. Wir sehen und kaufen und nehmen. Und doch – nehmen wir nicht manches auch unbesehen? Ist das, was vor unseren Augen liegt, immer so eindeutig? Kann es nicht auch manipuliert sein, damit es uns leichter eingeht?

Unser Auge kann getäuscht werden. Und manchmal ist es unsere eigene Angst, die unser Auge trübt. Und dann erleben wir erschreckt, dass wir sehenden Auges doch blind sind. Mancher Jugendliche, der nach langem Zaudern seine Zuneigung dem verehrten Menschen gesteht, hört dann voller Erstaunen: „Warum hast du nicht früher gefragt? Hast du nicht gesehen, dass ich dich mag?" Und mancher Erwachsene, der nun endlich den Weg zum Partner gefunden hat und sagen kann, was ihn bedrückt, erfährt dann: „Warum hast du es dir so schwer gemacht? Ich bin doch für dich da. Hast du das nicht gesehen?"

Wir sehen nicht alles, was offenkundig ist. Wir sehen oftmals die Zuneigung nicht, die uns entgegengebracht wird. Und in dem alltäglichen Allerlei übersehen wir oft die Kleinigkeiten, von denen wir leben. Sie sind uns zur Selbstverständlichkeit geworden. Unser Leben leidet manchmal darunter, dass wir viele Dinge so selbstverständlich hinnehmen, dass wir die Freude in den Augen von Menschen nicht wahrnehmen und den Kummer in den trüben Augen der Menschen übersehen.

Unser Leben ist ein Suchen nach Gott, nach dem Sinn des Lebens. Wer sucht, der muss die Augen aufhalten. Wir leben, damit uns die Augen geöffnet werden. Gott ist unsichtbar. Er bleibt es auch. Und doch leben wir in der Hoffnung, einmal das in Klarheit schauen zu können, was uns Jesus als der eingeborene Sohn offenbart hat.

In Jesus – dem Sohn – finden wir nun den Weg zu Gott hin. Sagt er doch: „Ich bin der Weg und die Wahrheit und das Leben; niemand kommt zum Vater denn durch mich." Er hat uns von Gott, dem Vater, erzählt. Wir dürfen durch ihn ein Stück von dem schauen, was uns nicht sichtbar ist. Epiphanias nennen wir das, die glanzvolle Erscheinung Gottes in einer glanzlosen Welt. Ein jeder von uns aber sieht auf seine Weise. Und darin gleichen wir den Blinden des Dorfes: Weil wir unterschiedlich begreifen, berichten wir auch unterschiedlich. In Jesus ist der Glanz Gottes in der Welt erschienen. Wir werden mit hineingenommen in die göttliche Sphäre schon hier auf der Erde. Aber wir haben Gott nie. Jetzt erkennen wir nur bruchstückhaft, auch wenn wir einmal in Vollendung sehen werden. Wenn wir aber immer nur bruchstückhaft die Größe Gottes begreifen, so haben wir nie die ganze Wahrheit. Gott und der Weg zu ihm liegen nicht in unserer Verfügbarkeit. Gott ist nicht verfügbar, aber er ist erreichbar. Er lässt sich auf dem Weg finden, den er in Jesus bereitet hat. Jesus Christus ist nicht nur der Wegweiser, er ist der Weg.

Dieser Weg zu Gott hin lässt uns die Augen aufgehen für die Wahrheit unseres Lebens. Wir haben den Weg zu Gott hin nicht gebahnt. Wir sind nicht der Weg, wir machen den Weg nicht frei, auch nicht durch aufgemotzte Werbespots. Wir erfahren aber in der Begegnung mit dem eingeborenen Sohn, was durch ihn geworden ist. Gott, der niemandem sichtbar ist, hat sich uns zugewandt. In dieser Zuwendung liegt beschlossen, dass Gott uns annimmt – und das immer wieder. Das Erscheinen Gottes bringt Heil in eine unheile Welt. Gnade um Gnade haben wir alle genommen, so beschreibt Johannes in seinem Evangelium die Zuwendung und Annahme Gottes. Da können wir nichts erzwingen, aber wir werden beschenkt. Da haben wir keinen Anspruch, wir werden einfach angenommen. Da ist für uns nichts machbar, aber wir erleben staunend, wie unsere leeren Hände und Herzen gefüllt werden. Das ist die Wahrheit, die in Jesus Christus erschienen ist. Sie werden wir sehen und erkennen, und wir werden frei zum Leben.

Nach dem Zweiten Weltkrieg sollen sich in Köln an einer Mauer eines Kellers, in dem sich einige Juden während des Krieges versteckt gehalten hatten, folgende Worte gefunden haben:

„Ich glaube an die Sonne, auch wenn sie nicht scheint.

Ich glaube an die Liebe, auch wenn ich sie nicht fühle.

Ich glaube an Gott, auch wenn ich ihn nicht sehe."

Welchen Weg des Sehens hat wohl dieser Mensch zurück gelegt, wenn er in solch dunklen Stunden des Lebens seinen Glauben an den ihm unsichtbaren Gott nicht verliert? Wie viel Gnade um Gnade hat er wohl genommen, um sich in Gott dennoch geborgen zu fühlen? In diesen Worten dringt ein Wissen aus der Tiefe des Lebens zu uns: Selig sind, die nicht sehen und doch glauben. Das ist wohl die größte und tiefste Gnadengabe.

Durch den eingeborenen Sohn ist uns diese Gnadengabe zur Wahrheit geworden. Das wird der Evangelist Johannes nicht müde zu betonen. Und seinen Namenskollegen, den Täufer Johannes, ruft er zum Zeugen, erlebte der doch sein Leben umgeben und eingebettet in das Leben des Sohnes Jesus Christus: Er war vor ihm und kommt nach ihm. Es bleibt ein tiefes Geheimnis, dass wir in unserem Leben immer von Gott umgeben sind, auch hier in Raum und Zeit. Wir leben, weil Gott uns leben lässt. Wir begreifen, weil Gott sich begreifen lässt. Wir sehen, weil Gott uns die Augen öffnet. Wir hören, weil Jesus uns Gott als den Vater offenbart.

Matthias Grünewald hat auf seinem berühmten Kreuzigungsbild des Isenheimer Altars den Täufer Johannes mit übergroßem Finger auf den gekreuzigten Jesus zeigen lassen, als wolle er uns mit diesem Fingerzeig sagen: Da – seht hin. Da seht ihr alles, was ihr sehen müsst. Da wird Gottes Gnade und Wahrheit sichtbar. Da könnt ihr begreifen. Da – der eingeborene Sohn, der uns den unsichtbaren Gott als Vater nahe gebracht hat. Da wird das Verborgene anschaubar: die Größe Gottes erscheint im menschlichen Jammer. Davor brauchen wir unser Antlitz nicht zu bedecken. Da schauen wir hin, da gehen uns die Augen über, denn da sind Vater und Sohn eins. Da nehmen wir Gnade um Gnade. Deshalb glaube ich an den erschienenen Gott, auch wenn ich ihn nicht sehe. Amen.

Gründonnerstag

Zur Bedeutung und Herkunft
des Feiertages

1. Einordnung ins Kirchenjahr

Um die beiden wichtigsten Pole im Kirchenjahr, die Christus
feste Weihnachten und Ostern, haben sich je eine Vorbereitungszeit und eine Freudenzeit nach dem Fest angesiedelt, sodass
der so genannte Osterfestkreis sich vom Aschermittwoch bzw.
1. Sonntag in der Passionszeit (Invokavit) bis Pfingsten erstreckt.
Innerhalb der siebenwöchigen Vorbereitungszeit bildet die Heilige Woche, wie die Karwoche auch genannt wurde, Ziel- und
Höhepunkt. Sie beginnt mit dem Einzug Jesu in Jerusalem, von
dem am Palmsonntag die Rede ist. Die Woche ist insgesamt ge-
kennzeichnet vom Gedenken an das Leiden Jesu, das in den
Evangelien übereinstimmend, wenn auch mit unterschiedlicher
Akzentsetzung, beschrieben wird. Der Gründonnerstag-Abend
fällt in seiner festlich-frohen Gestaltung ein wenig aus dem Rahmen der Heiligen Woche heraus: Seine liturgische Farbe ist weiß,
die „Gründungsfeier" des Abendmahles macht ihn zum Christusfest. Aber so froh wir über diese Gabe auch sein können, darf
sie doch nicht darüber hinwegtäuschen, dass mit diesem letzten
gemeinsamen Mahl schon Verrat und Gefangennahme ins Blick-
feld rücken. Der zweite Teil des Gründonnerstag-Abends führt
uns so auf den Weg zum Karfreitag.

2. Liturgische Entwicklungslinien

a) Schon aus den Zeugnissen der Pilgerin Egeria (um 384)
werden die oben geschilderten zwei biblischen Hauptaspekte

des Tages deutlich: In Jerusalem, so berichtet sie, wurde ab der 8. Stunde ein Gedächtnis des Abendmahls gefeiert. Nachts ging man dann nach Gethsemane und gedachte der dortigen Ereignisse bis zur Gefangennahme Jesu (Mk 14, 32–50). Übrigens geht wahrscheinlich auch der Name Gründonnerstag auf diese Perikope zurück: greinen = weinen, klagen.

b) Bei Hippolyt (3. Jh.) finden sich zwei andere liturgische Elemente des Gründonnerstags: die Wiederaufnahme der Büßer und die Weihung der Öle. Was hat es damit auf sich? Die Vorbereitungszeit auf Ostern (s. o.) war (ebenso wie die Adventszeit) ursprünglich geprägt von Buße und Fasten. Die so genannten Büßer wurden am Aschermittwoch öffentlich mit Asche bestreut und aus der kirchlichen Gemeinschaft ausgeschlossen. Am Gründonnerstag wurden sie dann genauso öffentlich wieder aufgenommen – als frisch grünende Zweige am Baum der Kirche. Die feierliche Aussöhnung machte ihnen wieder die Teilnahme am Abendmahl möglich, Vergebung der Sünden wurde so ganz konkret mit der Hingabe Jesu im Passionsgeschehen verbunden.

Die Weihung der Öle muss wohl eher von Ostern her gedeutet werden: Ostersonntag war der Tauftag in der Gemeinde nach dem Katechumenat, das ebenfalls in die österliche Vorbereitungszeit fiel. Die Täuflinge wurden mit geweihtem Öl gesalbt. Ostern feiern, Öl weihen und Taufen – das alles an einem Tag war wohl zu viel, so dass die Weihe der Öle auf den Gründonnerstag vorverlegt wurde, zumal vielleicht auch die Assoziation Ölberg – Ölweihe nahe lag.

c) Als Pendant zur Abendmahlsfeier gibt es im Johannesevangelium die Perikope von der Fußwaschung als Dienst Jesu an seinen Jüngern mit dem Auftrag, sich an diesem Vorbild zu orientieren. Liturgisch begangen wurde diese Handlung zunächst in Gallien. Die 17. Synode von Toledo im Jahre 693 fordert diesen Brauch sogar ein, was einerseits für seine Bedeutung spricht, andererseits darauf schließen lässt, dass er nicht überall gepflegt wurde. Auch gab es die Fußwaschung in verschiedener Form: Sie war Zeichen der besonderen Gemeinschaft und gegenseitigen Dienstbereitschaft innerhalb des Klerus; sie wurde aber auch von Priestern an Gemeindegliedern geübt und als Dienst an den Armen ausgelegt, also als diakonische Aufgabe verstanden. In jedem Fall geht es darum, dass die Liebe, die uns Jesus erwiesen hat, mit anderen Menschen geteilt und weitergegeben werden will.

d) Im Mittelalter wurde es mehr und mehr Brauch, den Gründonnerstag auch zur Vorbereitung des Karfreitags zu nutzen: So wurde nach dem Gloria – das ausnahmsweise wegen des Festcharakters des Gottesdienstes trotz Passionszeit angestimmt wurde – auf Glockengeläut und Orgel verzichtet Das Löschen der Kerzen gehörte auf verschiedene Weise zum Gottesdienst. Nach der Abendmahlsfeier trug man symbolisch den Hostienkelch zu Grabe, d.h. in einen anderen Raum. Dort harrten Beter aus, dort konnte dann auch das Ölberg-Gedächtnis stattfinden. Der Altar im Gottesdienstraum wurde abgeräumt, Kreuze verhüllt, eventuell sogar entfernt.

e) Es war nicht Luthers Absicht, einen „Wittenberger Ritus" neben den römischen zu setzen. Um der Schwachen willen war er höchst zögerlich mit konkreten Neuerungen; man „wollte nichts ohne Not einreißen, sondern den ganzen Raum liturgischen Lebens vom Evangelium her durchdringen". Der Gottesdienst sollte wieder am Wort Gottes und auf die Gemeinde ausgerichtet sein. Auf dem Boden dieser reformatorischen Grundeinsichten wuchsen vielfältige liturgische Früchte. Einheitlichkeit war dabei kein übergeordnetes Ziel, vielmehr entwickelten sich die liturgischen Ordnungen nach Region, Konfession und Zeitgeist höchst unterschiedlich. So sind beispielsweise im 18. Jahrhundert Äußerungen zu finden, der Gründonnerstag sei Konfirmationstag gewesen, in Waldeck wurde er mit zwei Gottesdiensten zu Abendmahl und Fußwaschung gefeiert, allgemein war er aber nur ein halber Feiertag und wurde 1773 in Preußen als Feiertag ganz aufgehoben. Für die weiteren Überlegungen zu einer Liturgie des Gründonnerstags gelten vielmehr nach wie vor die beiden Pole der Reformation: Wir tragen Verantwortung für das Wort Gottes, die biblische Überlieferung, die ja für den Gründonnerstag reiches Material bietet. Und wir tragen Verantwortung gegenüber unseren Gemeinde.

3. Biblisch-systematische Grundlagen

Das Besondere des Gründonnerstags ist meiner Ansicht nach die schwebende Stimmung, die er in mehrfacher Hinsicht in sich trägt. Sie lebt von der Spannung zwischen Nähe und Distanz Jesu zu seinen Jüngern, aber auch zu Gott. Beides wird an diesem Abend intensiv durchlebt, es ist sozusagen die Krisis, bei der gekämpft wird um das, was war, und das, was wird. Wie vielfältig die Thematik dieses Tages ist, zeigt auch die Übersicht, die in der neuen kurhessischen Agende gegeben wird: das Abendmahl, Abschied nehmen, sich erinnern, Gemeinschaft erleben, von Verrat bedroht werden, Vergebung von Schuld erfahren, gesegnet sein, aufbrechen, Liebe leben. Im Folgenden versuche ich, die Themen in Spannungsfeldern zu ordnen, wobei mir die Perikopentexte eine Hilfe sind.

a) Das letzte Mal – das erste Mahl

Schon oft hat Jesus mit seinen Jüngern zusammengesessen, gegessen und getrunken. Sie kennen dieses gemeinsame Mahl als elementaren Teil ihrer Freundschaft, auch als gemeinschaftstiftendes Element mit Außenstehenden, Zöllnern und Sündern. Zusammen an einem Tisch zu sitzen – das hat Bedeutung, das sagt etwas aus: Wir vertragen uns, wir freuen uns aneinander, wir sind bereit, zu teilen, was wir haben. Dies alles gilt (zunächst) auch für den Gründonnerstag, und doch ist alles anders: Es ist das letzte Mal, dass Jesus vom Gewächs des Weinstocks trinkt (Mk 14,25). Ein Abschiedsessen also mit besonderem, festlichen Rahmen und den Menschen, die ihm nahe stehen. „Mich hat herzlich verlangt, dieses Passahlamm mit euch zu essen, ehe ich leide" (Lk 22,15). Wie bei jedem Abschied liegt Veränderung in der Luft: Nichts wird mehr so sein, wie es war. Es ist ein ehrlicher Abschied, denn Jesus traut sich, von seiner traurigen Zukunft zu reden, er verdrängt nichts, sagt seinen Jüngern sogar ihren Verrat ins Gesicht (Mk 14,18.27). Die Spannung zwischen dem, was war, und dem, was wird, muss ausgehalten werden. Dabei bleiben die Jünger hinter Jesus zurück: Es ist schwer, sich vorzustellen, dass alles anders wird. Ein guter Abschied weist über sich hinaus: In Mk 14,28 wird die Perspektive des Wiedersehens ins Spiel gebracht.

Die uns gewohnten Abendmahlsworte öffnen uns die Zukunft: „Das tut zu meinem Gedächtnis", heißt es in 1. Kor 11,24 f. und weiter: „Ihr verkündigt dabei den Tod des Herrn, bis er kommt." In diesen Worten liegen Trost, Aufgabe und Hoffnung, und so bedeutet der Abschied nicht nur Abbruch, sondern auch Aufbruch.

Das Passahmahl, das in Ex 12 beschrieben wird, ist in ähnlicher Weise Zeichen für Abbruch, nämlich der Sklaverei in Ägypten, und Aufbruch, nämlich in die Freiheit, aber auch Einsamkeit der Wüste. Ein denkwürdiger Abend, an dem einerseits Tod und Verderben in der Luft liegen, aber andererseits die Zusage der Bewahrung gegeben wird, Trost und Hoffnung und damit verbunden die Aufgabe, daran zu denken und es zu verkündigen von Generation zu Generation.

b) Der Verrat und das Geschenk der Gemeinschaft

Anders als in der Agende sehe ich die Schwerpunkte dieser Thematik verteilt: Gemeinschaft erleben, von Verrat bedroht werden – das erscheint mir doch recht schwach. Schon vor dem gemeinsamen Essen spricht Judas sich mit den Hohepriestern ab, bzw. schreibt Johannes ausdrücklich: „Als schon der Teufel dem Judas … ins Herz gegeben hatte, ihn zu verraten" (Joh 13,2). Die besondere Gemeinschaft findet also vor dem Horizont des Verrats statt, dem Verrat zum Trotz sozusagen – und allein aus der Kraft Jesu. Denn so sehr die Jünger ihm zugetan sind und das auch zeigen in ihrer Betrübnis (Lk 22,23; Mk 14,19) wie in ihrem Eifer (Joh 13,9; auch Joh 18,10 f) – Jesus weiß, dass er seinen Weg allein gehen muss. Einer nach dem anderen wird sich zurückziehen, wenn es hart auf hart kommt. Ihnen fehlt die Konsequenz in ihrer Liebe; Verdrängung und Selbsterhaltungstrieb spielen sich unauffällig in den Vordergrund. Judas ist kein böser Einzelfall (harte, aber wichtige Erkenntnis); alle sind betroffen, auch jedes Gemeindeglied heute. Deshalb sind mir die Ankündigungen, Verlass- und Verleugnungsgeschichten so wichtig, wichtiger als in unserer Agende vorgesehen. Während hier nur unter außerdem die Gethsemanegeschichte insgesamt (Mk 14,27–42) und die lukanischen Gespräche mit den Jüngern (Lk 22,24–36) vorkommen, scheint mir der *Prozess* wichtig, währenddessen Jesus immer einsamer wird. In diesem Zusammenhang stehen Mk 14,18 (Judas), Mk 14,27 (alle), Mk 14,29–31 (Petrus, Streit), Mk 14,40 (Petrus, Jakobus, Johannes in Gethsemane), Mk 14,50 (alle bei der Gefangennahme), Mk 14,66ff (Petrus). Die Menschen, die ihn im Stich lassen werden, sind die Menschen, mit denen er sich an einen Tisch setzt, ja, denen er noch die Füße wäscht. Der traditio = Verrat, Übergabe bei den Jüngern entspricht er mit seiner traditio = Hingabe. Das „Für euch" erfährt von hierher seinen Sinn. Es ist nicht irgendeine Gemeinschaft, die erlebt wird, wie bei einem Fest oder Familientreffen – es ist eine Gemeinschaft, die nur möglich ist, weil Jesus sie trotz allem schenkt. Dadurch bekommt sie eine neue Qualität, besondere Tiefe und eine Tragfähigkeit, die auch unserer Schuld standhält. In 1. Kor 10,16 wird die Gemeinde eindrücklich an diese Gemeinschaft des Leibes/Blutes Christi erinnert. Hingabe und vergebende Liebe sind ihre besonderen Kennzeichen. Sie werden ausgeführt in den Gesprächen mit den Jüngern (Lk 22,24–27.31f), bei der Fußwaschung selbst (Joh 13,12–17) und in den daran anschließenden Abschiedsreden (besonders Joh 15,9ff). Christliche Gemeinschaft ist damit bleibende Gabe Jesu für uns mit der Aufgabe, uns mit ähnlicher Hingabe anderen Menschen zu widmen.

c) *Verzweiflung und Vollmacht*

Keine leichte Aufgabe, für andere da zu sein. Manch einer entzieht sich ihr heute sogar mit dem Ausspruch: Ich bin doch nicht Jesus! Wie könnt ihr euch auf den berufen, wenn ihr mir so etwas zumutet? Für den war das ja vielleicht eine Kleinigkeit, so als Gottessohn – aber für mich?! Solchen Äußerungen liegt ein eher eingeschränktes Jesus-Bild zugrunde, eines, das den Menschen Jesus nicht mehr recht ernst nimmt.

Im Perikopentext Hebräer 2,10–18 wird klar gestellt, wie eng die Hoheit Jesu mit seinem Leid, seiner Erniedrigung zu tun hat. Es ist nicht nur die Versuchung, die Not anderer von sich abzuweisen; vor allem geht es um die eigenen Nöte und Leidenserfahrungen, Zeiten, die es uns schwer machen, uns von Gott geborgen zu fühlen. Dass der, der von Gott kommt, in solchen Situationen selbst meine Hand hält und allem Zittern, Zagen und Zweifeln seine Stimme leiht, ist echte Stellvertretung des Hohepriesters vor Gott. In wenigen Worten redet davon die Gethsemane-Geschichte: Meine Seele ist betrübt bis an den Tod ... tiefe Depression, innere Leere, der Wunsch nach Nähe und die gleichzeitige innere Abgeschiedenheit dessen, der seinen inneren Konflikt eigentlich nur mit Gott austragen kann. Die Theodizeefrage aller Menschen in Not wird hier gestellt: Alles ist dir (doch) möglich. Nimm (warum nimmst du nicht?) diesen Kelch von mir. Jesus stellt diese Anfrage nicht nur einmal, sondern (symbolisch) dreimal – und kein Mensch kann sie beantworten. Ja, sie vermögen ihr nicht einmal wachend standzuhalten (V. 40b), vielleicht weil sie so zermürbende Wirkung hat, wenn man sich ihr ständig stellen wollte. Meilenweit scheint mir der Abstand zur Fortsetzung des Verses: Doch nicht, was ich will, sondern was du willst! Freilich, auch wir beten Sonntag für Sonntag „Dein Wille geschehe" – und es geht uns solange problemlos über die Lippen, wie wir davon ausgehen können, dass Gottes Wille dem unseren nicht im Wege steht. Schwierig wird es, wenn das menschliche Ich und das göttliche Du in Inkongruenz geraten. Die Gottesbeziehung ist in Gefahr, will nun neu bedacht und irgendwie ins Reine gebracht werden. Weit ist der Weg zu innerer Einsicht, noch weiter der Weg dahin, sich wirklich mit Leib und Seele und Geist dem Willen Gottes hinzugeben (denn der Geist ist willig; aber das Fleisch ist schwach, Mk 14, 38). Dass aus dem hohen Anspruch: „Abba, mein Vater, alles ist dir möglich" ein unerschütterliches Vertrauen in den liebevollen, guten Willen Gottes wird – auch gegen den Augenschein –, das bleibt für uns alle wohl eine lebenslange Aufgabe. Die erlösende Kraft Jesu liegt gleichermaßen im Erleben wie im Besiegen der „Furcht vor dem Tod" (Hebr 2,15).

4. Umsetzen – der Gründonnerstag in unserer Gemeinde

Als mein Mann und ich vor fünf Jahren in unserer Gemeinde den Dienst begannen, wurde der Gründonnerstag nicht mehr kirchlich begangen. Wir konnten uns nicht vorstellen, diesen Tag unbeachtet zu lassen, und suchten nach einer Möglichkeit, ihn neu in der Gemeinde zu verankern. Dabei war der Gedanke an das Abendmahl zunächst leitend, das aber am Gründonnerstag in Konkurrenz zum Abendmahl am Osterfest zu geraten drohte. Zweimal so kurz hintereinander hinzugehen kann sich kaum ein hiesiger Christ vorstellen. Wir entschlossen uns, ein gemeinsames Abendessen mit Agapemahl anzubieten, und zwar im Gemeindesaal, der ein bewusst anderes „Ambiente" als die Kirche bietet und für ein außergewöhnliches gottesdienstliches Miteinander geeigneter ist. Angesprochen wurden durch folgende Einladung im Gemeindebrief alle Gemeindeglieder:

„Und am Abend setzte er sich zu Tisch mit den Zwölfen."
(Mt 26,20)

Am Gründonnerstag erinnern wir uns an den Beginn des Leidens Jesu: Abschied – Verrat – Verlassenheit – Gefangennahme. Im Angesicht seines kommenden Leidens versammelt Jesus noch einmal seine Jünger. Sie essen, trinken, sitzen zusammen. Jesus ist ganz nah. Besondere Gemeinschaft wird spürbar, Mahlgemeinschaft, die zum ersten Abendmahl der Christen werden sollte. Wir wollen versuchen, das Besondere dieser Gemeinschaft nachzuempfinden, zusammen essen, einander nahe sein. Dabei teilen wir miteinander, was jeder mitbringt. Unser besinnliches Abendessen findet statt am Gründonnerstag um 19.00 Uhr im Gemeindesaal.

Persönlich eingeladen haben wir zusätzlich die Konfirmanden (mit ihren Eltern), weil sie bei uns nicht zum traditionellen Abendmahl zugelassen sind.

Es gibt einige Konstanten, nämlich Kelch, Brotteller und Kreuz, die Abendmahlsgeschichte mit integriertem Agapemahl und das gemeinsame Essen. Natürlich wird auch gesungen und gebetet, gegen Ende ein Segenswort gesprochen. In allem versuchen wir, möglichst ruhig und schlicht zu bleiben, damit die besondere Gründonnerstags-Atmosphäre in ihrer Entfaltung unterstützt, nicht zerredet oder übertönt wird. Wir haben sehr unterschiedliche Erfahrungen gemacht. Die Menschen, die kommen, sind immer wieder andere (meistens etwa zehn von 800 Gemeindegliedern), die Altersstruktur ist weit gefächert. Männer kommen kaum allein, manchmal kommen Familien. Schön ist es, dass aus allen fünf Dörfern Gemeindeglieder da sind. Manche lernen sich an diesem Abend kennen. Gespannte Erwartung paart sich mit praktischen Fragen: „Sollen wir gleich den Tisch decken?" Mal kommen sehr nachdenkliche Gespräche zustande, mal wird nach dem „kirchlichen Teil" geplaudert und gefeiert, oft bleiben wir zusammen bis um 22.00 Uhr und länger.

Abgesehen von den „Konstanten" haben wir unterschiedliche inhaltliche Schwerpunkte gesetzt. Dabei dienten als Grundlage die Vorschläge aus „Gottesdienst-Praxis, Serie B, Passion", die wir lediglich gekürzt und unseren Gemeindeverhältnissen angepasst haben. Sowohl das Thema Abschied als auch die Rolle des Judas sowie das meditative Herrichten eines gedeckten Tisches waren geeignet, sich in die Bedeutung des Gründonnerstages hineinzudenken. Wir haben es bei unserem Experiment als entlastend empfunden, auf vorgefertigtes Material zurückgreifen zu können – so blieb auch uns neben der Vorbereitung des Karfreitags und der Ostertage mit Osternacht, Osterfrühstück und Ostergottesdiensten genügend Musse uns einzustimmen. Es gibt einige Dinge, an die wir uns bis jetzt noch nicht herangewagt haben, die aber als Vorhaben langsam heranreifen: So würde ich wünschen, einmal in der Gründonnerstags-Gemeinde zu seelsorgerlichem Austausch zu finden, wie er übers Jahr verteilt in vielen Einzelgesprächen anhand der Gethsemanegeschichte stattfindet: die Erfahrung zu machen, dass Klage und Frage angesichts persönlicher Krisen einen Raum vor Gott haben, dass es erleichtert und weiterbringt, ihm die Zweifel an seiner Güte und Allmacht an den Kopf zu werfen, dass Menschen da sind, die Ähnliches erlitten, gefragt und vielleicht überwunden haben. Sich gegenseitig

Furcht einzugestehen, sich gemeinsam an Jesus festzuhalten, der Beistand und Kraft gibt, sich gegenseitig Mut und Hoffnung zu stärken auf dunklem Weg.

Ein weiterer Schwerpunkt kam mir in den Sinn, als mir eine ältere Frau von dem großen Beichtgottesdienst am Gründonnerstag erzählte, der Voraussetzung für die Teilnahme am Oster-Abendmahl war. Beichte, Buße und Wiederherstellung einer stets gefährdeten christlichen Gemeinschaft – diese alten Gründonnerstags-Themen wieder aufzugreifen, vielleicht wäre es ein lohnendes Angebot als Antwort auf die starken aktuellen Erfahrungen, die Menschen mit dem Zerbrechen von Gemeinschaft machen. Die Fernsehshow „Verzeih mir" spricht das Thema an – vielleicht ließe sich in einer Gründonnerstags-Gemeinde nach entsprechender Ankündigung ein solches Aufeinander-zu-Gehen institutionalisieren und so erleichtern? Die Verleugnungsgeschichten zusammen mit dem tröstlichen Zuspruch Jesu bilden jedenfalls einen geeigneten Hintergrund für so ein gottesdienstliches Geschehen.

Ich gebe zu, dass derlei Vorhaben zwar ihre Faszination haben, aber auch von Angst belastet sind, weil sie eine gewisse Intimität an sich haben, die eine Atmosphäre des Vertrauens als Schutzraum braucht. Ähnliches gilt auch für den Vorschlag der Agende, eine Fußwaschung durchzuführen, „wo Ort, Zeit und Gemeindesituation es erlauben". Eine feste, gut funktionierende Gruppe erscheint mir für diese Dinge am geeignetsten. Die Entscheidung muss jeder Verantwortliche – am besten mit der betreffenden Gruppe oder zumindest einer Vorbereitungsgruppe – selber treffen. In unserer Gemeinde scheint es uns im Moment noch angebracht, zunächst nur mit der Passionsgeschichte selbst zu arbeiten. Sie bietet allein durch das Hören und Nachvollziehen viele Möglichkeiten, sie mit dem eigenen Leben zu verbinden.

Liturgie zu einem Gottesdienst am Gründonnerstag

Dieser Gottesdienstentwurf schlägt vor, die Vielfalt der mit dem Gründonnerstag verbundenen heilsgeschichtlichen Aussagen in die liturgische Gestaltung eines Abends aufzunehmen. Dies soll in drei Schritten geschehen.

Die Gemeinde versammelt sich im Gemeinderaum zu einem gemeinsamen Abendessen. Das beginnt mit einem gemeinsamen Gebet und endet mit einem Lied.

Tischgebet: Aller Augen warten auf dich, Herr (auch als Lied EG 461; oder auch EG 463)

Gemeinsames Essen

Das Essen wird beendet mit dem *Danklied* „Wir danken dir, Herr Jesu Christ" (EG 462).

Die Gemeinde geht in die Kirche zum Abendmahlsgottesdienst.
   Während des Ganges vom Gemeinderaum zur Kirche läuten die Glocken.

ORGELVORSPIEL

EINGANGSLIED

Nun bitten wir den Heiligen Geist (EG 124)

BEGRÜSSUNG

Heute Abend gedenken wir mit der ganzen Christenheit
jener Stunde, in der Jesus mit seinen Jüngern
das Abendmahl feierte und sagte:
„Solches tut zu meinem Gedächtnis."
Im Vertrauen auf sein Wort
feiern wir diesen Abendmahlsgottesdienst.
Wir alle haben es nötig, dass uns vergeben wird.

Wir brauchen neuen Mut, im Sinne Jesu miteinander zu leben.
Wir hoffen, dass seine Liebe
unsere Angst in Vertrauen wandelt,
unsere Enttäuschung in neue Hoffnung,
unser Verurteilen in Vergeben,
unser Versagen in helfende Zusage.
Der Geist Gottes, der neues Leben schafft,
sei mit uns allen.[1]

LIED

Hinunter ist der Sonne Schein (EG 467)

PSALM

Psalm 111 im Wechsel (EG 744)

KOLLEKTENGEBET

Barmherziger und gnädiger Gott,
wir bitten dich:
Erinnere uns an deine Wunder,
an die Zeichen deiner Gnade
und deiner Barmherzigkeit.
Lass Hoffnung keimen für die Welt
am Tisch der Gemeinschaft
mit deinem Sohn Jesus Christus.

LESUNG

Markus 14,17–26

MEDITATIVE MUSIK

PREDIGT

LIED NACH DER PREDIGT

Das sollt ihr, Jesu Jünger, nie vergessen (EG 221)

1   nach EA I-2 der EKKW, S. 593.

L: An deinem Tisch, o Gott, ist für alle Platz,
auch wenn sie anders denken und reden als wir,
anders glauben und handeln.
An deinem Tisch, o Jesus,
saßen Petrus und Judas nebeneinander
unter den anderen Jüngern.
Wer es begreifen kann, der begreife es.
Lass uns nicht selbstgerecht werden,
uns selbst höher schätzen und selbstgerecht andere ausschlie-
ßen.
Vergib uns, o Gott.
Zieh uns hinein in deine weitherzige Gerechtigkeit.
Hilf uns, wenn wir uns vergehen.
Das bitten wir um Christi willen.

– *G: Der allmächtige Gott erbarme sich unser,
er vergebe uns unsere Sünde
und führe uns zum ewigen Leben. Amen.*

L: In Christus haben wir die Erlösung durch sein Blut,
die Vergebung der Sünden, nach dem Reichtum seiner Gnade.
(nach Epheser 1,7)

ABENDMAHLSLIED

Lasst uns Brot brechen und Gott dankbar sein (EG 582
EKKW)

ABENDMAHL

GEBET

Herr, du teilst aus, und wir empfangen.
Du gibst Brot, und wir werden satt.
Du selbst bist das Brot des Lebens,
die Nahung und Speise auf unserem Weg durchs Leben.
Du kommst zu uns und bleibst bei uns,
und wir sind nicht mehr allein.

Wir danken dir.
Für alle, die Hunger haben nach Brot, bitten wir:
Lass die Bemühungen um Hilfe gelingen,
dass jeder sein tägliches Brot bekommt.
Für alle, die Hunger haben nach Gerechtigkeit, bitten wir:
Lass jedem die Achtung zuteil werden,
die er braucht.
Für alle, die Hunger haben nach Liebe, bitten wir:
Lass uns Zugang finden zu ihrem Herzen
und führe sie hinaus aus der Einsamkeit.
Herr, du teilst aus.
Lass uns dankbar empfangen und fröhlich weitergeben.[2]

SEGENSLIED

Herr, wir bitten: Komm und segne uns (EG Ausgabe EKKW 590, Vers 1)

Dieses Lied eignet sich als Segenslied für alle Zeiten des Kirchenjahres: der Vers 1, wenn die Kirchenfarbe weiß ist; der Vers 2 bei den Farben rot und grün; der Vers drei bei der Farbe Violett; ist die Kirchenfarbe schwarz, wird kein Segenslied gesungen.

VOTUM

Lasst uns mit Jesus nach Gethsemane gehen und wachen und beten.

Die Gemeinde geht ins Freie auf den Kirchhof oder in einen anderen Gemeinderaum.

GESANG

Bleibet hier und wachet mit mir (EG 789.2; ein Gesang aus Taizé, der geeignet ist, ihn des längeren leise zu singen; der Gesang wird nach jeder Lesung wieder aufgenommen.)

2   nach EA I-2 EKKW, S. 950.

Markus 14,32–42

Markus 14,43–52

Markus 14,53–65

Markus 14,66–72

Der Gesang wird immer leiser und wir verstummen und gehen in der Stille nach Hause.

Karfreitag

Die folgenden beiden Gottesdienstentwürfe wollen eine Brücke sein. Im ersten Gottesdienst wird eine Verbindung vom Palmsonntag zum Karfreitag hergestellt. Im zweiten Gottesdienst geht es um ein Sinnbild, das Karfreitag mit dem Gottesdienst in der Osternacht verbindet.

Als Abschluss des Gottesdienstes am Gründonnerstag ist der Altar abgeschmückt worden. Ein großes schwarzes Altartuch hüllt den ganzen Altar ein, auf dem Altar steht nichts mehr. Die Glocken haben zum letzten Mal zum Gottesdienst am Gründonnerstag geläutet. Sie schweigen am Karfreitag und Karsamstag und läuten am Ostermorgen zum Sonnenaufgang das Osterfest ein und verkünden die Auferstehung unseres Herrn. Zum Gottesdienst am Karfreitag läuten also die Glocken nicht. Das liturgische Geschehen im Gottesdienst am Karfreitag ist reduziert auf wenige Dinge. Die Orgel spielt nicht mit den Zungenstimmen. Der Gottesdienst endet ohne Ausgangssegen – er ist offen auf Ostern hin.

Gottesdienst am Karfreitag: Die lange lange Straße lang

Hosianna-Rufe und der Schrei nach dem Henker. Licht und Finsternis, Angst und Befreiung liegen so nahe beieinander. Das Leben zwischen Palmenzweig und Dornenkrone. Am Palmsonntag haben wir vom Einzug Jesu in Jerusalem gehört. Am Karfreitag hören wir von der Verurteilung und Verspottung und der Kreuzigung. In der Mitte des Karfreitagsgottesdienstes steht ein Teil einer Kurzgeschichte von Wolfgang Borchert. „Die lange

lange Straße lang" schildert den Weg des Heimkehrers Fischer als via dolorosa. Ein vergessener Heimkehrer stolpert mit der Last seiner Kriegserlebnisse zwischen abgelenkten Fußballfans und andächtig der Matthäus-Passion Lauschenden, die sich „erschüttern lassen, oder erbauen, oder unterhalten." Das kann man nicht unterscheiden. Zwischen dem Tor-Schrei aus Tausenden von Kehlen und dem Barabbas-Schrei des Chores der Matthäus-Passion dieser einsame Mensch, der sein Kreuz trägt, und keiner sieht ihn mehr und könnte ihm das Kreuz abnehmen.

Zwei Kindergruppen spielen die Chöre. Der eine schreit: Tor! Der andere schreit: Barabbas! Die Stille danach muten wir uns zu. Wir tragen sie miteinander, ohne gleich in Lieder oder Gebete zu flüchten. Die Stille gibt Zeit zum Gebet.

Das erste Lied wird von einem Vorsänger und den beiden Kindergruppen als Chor gesungen.

Die Glocken läuten zum Karfreitagsgottesdienst nicht

ORGELVORSPIEL

LIED

für Vorsänger und Kinderchor: Und sie hielten eines Nachts Gericht (Schalom – ökumenisches Liederbuch, Burckhardthaus Verlag, Gelnhausen/Berlin 1971, Nr.100)

LESUNG

Matthäus 27,11–30

LIED

Jesu, meines Lebens Leben (EG 86)

ANSPRACHE

Gestern noch war das Leben eine Idylle. Kleider auf dem Weg und Palmzweige auch. Freudenrufe ausgelassener Menschen preisen Gott: Hosianna – Ach Gott, hilf doch! Menschen sind aufmerksam geworden. Sie gehen aus sich heraus und nehmen Anteil. Gestern noch der Jubelsturm. Und Jesus ertrug ihn.

Wenn dies sein Weg ist, dann geht er ihn. Wenn dies zu seinem Weg gehört, dann nimmt er es an, wenn auch in eigentümlicher Weise sehr schweigsam. Heute stehen sie wieder da – ohne Palmzweige. Und jetzt liegen allein seine Kleider auf dem Boden. Wieder nehmen sie Anteil an seinem Weg, wieder wenden sie sich ihm zu. Diesmal aber, um ihm den Tod zu wünschen. Erst Hosianna, dann kreuzigt ihn. Die beiden Extreme liegen in uns ja so nahe beieinander. Und doch haben wir auch noch andere Möglichkeiten, wenn es um den Lebens- und Leidensweg eines Menschen geht: Wir sehen nicht mehr hin. Wir lassen uns ablenken. Wir werden gleichgültig.

Von dieser tödlichen Gleichgültigkeit erzählt der mit 27 Jahren 1947 verstorbene Wolfgang Borchert in einer Kurzgeschichte, die er „Die lange lange Straße lang" nannte. Leutnant Fischer kehrt heim. Da freut sich keiner mehr. Keiner nimmt an seinem Einzug Anteil. Auch kein Schrei verurteilt ihn mehr. Nur noch der Schrei seiner gequälten Seele klagt ihn an. Er zieht in seine Heimatstadt ein und bleibt unbeachtet und vergessen. An seinem Leidensweg nimmt keiner mehr Anteil, und es ist niemand mehr da, der sich für ihn und an ihm die Finger schmutzig macht. Eine weiße Weste zu haben ist oberstes Ziel einer ehrenwerten Gesellschaft. So wird angeboten, was diesen Schein aufrecht erhält. Durch Freizeitvergnügen, durch Spiele lassen sich die Menschen ablenken, auch durch Passionsspiele. Durch die „Matthäus-Passion" von J. S. Bach lassen sie sich „erschüttern", während sie zur gleichen Zeit einen Menschen, der bis in die Tiefe seines Lebens erschüttert ist, auf der Via dolorosa alleine lassen. Das Leiden des Jesus Christus dient zur Erbauung oder Unterhaltung. Und wer sich nicht erbauen lassen will, der schreit auf der Tribüne der neuen Fußball-„Tempel" laut „Tor!" Was eigentlich ist geschehen, wenn wir den Freizeitspielen und den Passionsspielen angeregt und andächtig zusehen, aber nicht mehr wahrnehmen, dass uns in der Passion des einsamen Menschen auf den Boulevards unseres Lebens Jesus selbst begegnet? Bei Wolfgang Borchert hört sich das so an[1]:

1 Wolfgang Borchert: „Draußen vor der Tür", aus: Wolfgang Borchert, Das Gesamtwerk, Copyright © 1949 by Rowohlt Verlag

„*Erzähler:* Nur ich. Ich bin noch unterwegs. Noch immer unterwegs. Schon lange, so lange, schon lange schon unterwegs. Die Straße ist lang. Ich komm die Straße und den Hunger nicht entlang. Sie sind beide so lang. Hin und wieder schrein sie los. Links auf dem Fußballplatz. Rechts in dem großen Haus. Da schrein sie manchmal los. Und die Straße geht da mitten durch. Auf der Straße geh ich. Ich bin Leutnant Fischer. Ich bin 25. Ich hab Hunger. Ich komm schon von Woronesch. Ich bin schon lange unterwegs. Links ist der Fußballplatz und rechts das große Haus. Da sitzen sie drin. 1000. 2000. 3000. Und keiner sagt ein Wort. Vorne machen sie Musik. Und einige singen. Und die 3000 sagen kein Wort. Sie sind sauber gewaschen. Sie haben ihre Haare geordnet und reine Hemden haben sie an. So sitzen sie da in dem großen Haus und lassen sich erschüttern. Oder erbauen. Oder unterhalten. Das kann man nicht unterscheiden. Sie sitzen und lassen sich sauber gewaschen erschüttern. Aber sie wissen nicht, dass ich Hunger hab. Das wissen sie nicht. Und dass ich hier an der Mauer steh – ich, der von Woronesch, der auf der langen Straße mit dem langen Hunger unterwegs ist, schon so lange unterwegs ist – dass ich hier an der Mauer steh, weil ich vor Hunger vor Hunger nicht weiter kann. Aber das können sie ja nicht wissen. Die Wand, die dicke dumme Wand ist ja dazwischen. Und davor steh ich mit wackligen Knien – und dahinter sind sie in sauberer Wäsche und lassen sich Sonntag für Sonntag erschüttern. Für zehn Mark lassen sie sich die Seele umwühlen und den Magen umdrehen und die Nerven betäuben. Zehn Mark, das ist so furchtbar viel Geld. Für meinen Bauch ist das furchtbar viel Geld. Aber dafür steht auch das Wort PASSION auf den Karten, die sie für zehn Mark bekommen. MATTHÄUS-PASSION. Aber wenn der große Chor dann

BARABBAS

schreit,

BARABBAS

blutdurstig blutrünstig schreit, dann fallen sie nicht von den

GmbH, Reinbek; ich habe das bei Borchert als BARRABAS geschriebene Wort in BARABBAS geändert.

Bänken, die Tausend in sauberen Hemden. Nein, und sie weinen auch nicht und beten auch nicht und man sieht ihren Gesichtern, sieht ihren Seelen eigentlich gar nicht viel an, wenn der große Chor

BARABBAS

schreit. Auf der Billetts steht für zehn Mark MATTHÄUS – PASSION. Man kann bei der Passion ganz vorne sitzen, wo die Passion recht laut erlitten wird, oder etwas weiter hinten, wo nur noch gedämpft gelitten wird. Aber das ist egal. Ihren Gesichtern sieht man nichts an, wenn der große Chor

BARABBAS

schreit. Alle beherrschen sich gut bei der Passion. Keine Frisur geht in Unordnung vor Not und Qual. Nein, Not und Qual, die werden ja nur da vorne gesungen und gegeigt, für zehn Mark vormusiziert. Und die BARABBAS-Schreier, die tun ja nur so, die werden ja schließlich fürs Schreien bezahlt. Und der große Chor schreit

BARABBAS.

MUTTER! schreit Leutnant Fischer auf der endlosen Straße. Leutnant Fischer bin ich.

BARABBAS!

schreit der große Chor der Saubergewaschenen. HUNGER! bellt der Bauch von Leutnant Fischer. Leutnant Fischer bin ich.

TOR!

schreien die Tausend auf dem Fußballplatz.

BARABBAS!

schreien sie links von der Straße.

TOR!

schreien sie rechts von der Straße.

WORONESCH! schrei ich dazwischen. Aber die Tausend schreien gegenan.

BARABBAS!

schreien sie rechts.

TOR!

schreien sie links. PASSION spielen sie rechts. FUSSBALL spielen sie links. Ich steh dazwischen. Ich. Leutnant Fischer. 25 Jahre jung. 57 Millionen Jahre alt. Woronesch-Jahre. Mütter-Jahre. 57 Millionen Straßen-Jahre alt. Woronesch-Jahre. Und rechts schrein sie

BARABBAS.

Und links schrein sie

TOR.

Und dazwischen steh ich ohne Mutter allein. Auf der wankenden Welle Welt ohne Mutter allein. Ich bin 25. Ich kenne die 57, die sie bei Woronesch begraben haben, die 57, die nichts wussten, die nicht wollten, die kenn ich Tag und Nacht. Und ich kenne die 86 Iwans, die morgens mit offenen Augen und Mäulern vor dem Maschinengewehr lagen. Ich kenne das kleine Mädchen, das keine Suppe hat, und ich kenne den Obergefreiten mit den Krücken.

BARABBAS

schrein sie rechts für zehn Mark den Saubergewaschenen ins Ohr. Aber ich kenne die alte Frau mit den drei Bildern am Bett und das Mädchen mit dem runden Bauch, das unter die Eisenbahn sprang.

TOR!

schrein sie links, tausendmal

TOR!

Aber ich kenne Tim, der nicht schlafen kann, weil er den alten Mann getreten hat, und ich kenne die 57 rotäugigen Frauen, die bei dem blinden Mann Pyramidon einkaufen. PYRAMIDON steht für 2 Mark auf der kleinen Schachtel. PASSION steht auf den Eintrittskarten rechts von der Straße, für 10 Mark PASSION. POKALSPIEL steht auf den blauen, den blumenblauen Billetts für 4 Mark auf der linken Seite der Straße.

BARABBAS!

schrein sie rechts.

TOR!

schrein sie links. Und immer bellt der blinde Mann: PYRAMIDON! Dazwischen steh ich ganz allein, ohne Mutter allein, auf der Welle, der wankenden Welle Welt allein. Mit meinem bellenden Hunger! Und ich kenne die 57 von Woronesch. Ich bin Leutnant Fischer. Ich bin 25. Die anderen schrein

TOR

und BARABBAS

im großen Chor. Nur ich bin über. Bin so furchtbar über. Aber es ist gut, dass die Saubergewaschenen die 57 von Woronesch nicht kennen. Wie sollten sie es sonst wohl aushalten bei Passion und Pokalspiel. Nur ich bin noch unterwegs. Denn ich bin über. Die andern haben sie bei Woronesch begraben. 57. Nur mich haben sie vergessen. Warum haben sie mich bloß vergessen? Nun hab ich nur noch die Wand. Die hält mich. Da muss ich entlang.

TOR!

schrein sie hinter mir her.

BARABBAS!

schrein sie hinter mir her. Die lange lange Straße entlang. Und ich kann schon lange nicht mehr. Ich kann schon so lange nicht mehr. Und ich habe nur noch die Wand, denn meine Mutter ist nicht da. Nur die 57 sind da. Die 57 Millionen rotäugigen Mütter, die sind so furchtbar hinter mir her. Die Straße entlang. Aber Leutnant Fischer kommandiert: links zwei drei vier links zwei drei vier zickezacke BARABBAS die blaue Blume ist so nass von Tränen und von Blut zicke zacke juppheidi begraben ist die Infantrie unterm Fußballplatz unterm Fußballplatz."

STILLE

LIED

Holz auf Jesu Schultern (EG 97)

VATER UNSER

Stiller Ausgang

Gottesdienst am Karfreitag: Die zerbrochenen Herzen

Beim Eintritt in das Gotteshaus erhält jeder ein „zerbrochenes Herz" – aus stärkerem Karton ausgeschnitten, blutrot bemalt und in der Mitte deutlich mit schwarzer Farbe der Riss dargestellt. Jeder wird gebeten, auf die Rückseite des zerbrochenen Herzens zu schreiben, was ihm das Herz zerbrochen hat. An Stelle der Predigt kommt jeder Gottesdienstteilnehmer vor den Altar. Dort liegt ein zwei Meter großes Kreuz. Auf dieses Kreuz nagelt jeder sein zerbrochenes Herz, und zwar so, dass die beschriebene Seite auf das Holz zu liegen kommt und damit unseren Augen verborgen bleibt. Wir sehen nur die zerrissenen Herzen. Was die Herzen zerrissen hat, bleibt uns verborgen. Es wird zu Gott gebracht. (Es war eines der eindrücklichsten Gottesdiensterlebnisse für die Gemeinde, die Hammerschläge in der Kirche zu hören, sein Leid ans Kreuz zu bringen und gleichzeitig Hammer zu sein). Das Kreuz wird aufgerichtet und bleibt vor dem Altar stehen. Im Gottesdienst in der Osternacht (er beginnt um 4.30 Uhr) bringen die Gottesdienstteilnehmer Blumen zum Kreuz und bekränzen die zerrissenen Herzen. Am Ende sind die zerrissenen Herzen von blühenden Zweigen und Blumen umgeben und zeigen die doppelte Bedeutung des Satzes: Uns allen „blüht" der Tod. Dieses Kreuz mit den zerrissenen Herzen steht nun seit 22 Jahren vom Karfreitag bis zum Ostermorgen in unserer Kirche und die zerrissenen Herzen werden Jahr um Jahr in der Osternacht von Blumen umkränzt: Karfreitag und Ostern sind auf diese Weise durch ein gleich bleibendes Ritual liturgisch verbunden. In dieser Osternacht wird auch der Altar wieder geschmückt und die Orgel verkündet nun auch mit den „Zungenstimmen" die Auferstehung.

Stilles Kommen und Empfangen der zerbrochenen Herzen mit der Bitte, auf die Rückseite zu schreiben, was einem das Herz zerrissen hat.

Ein Lämmlein geht und trägt die Schuld (EG 83)

Markus 15,16–20a

O Haupt voll Blut und Wunden (EG 85)

Markus 15,20b-39

Die Herzen werden ans Kreuz genagelt.

Herr Jesu, deine Angst und Pein (EG 89)

Stilles Gehen

Karsamstag

Zur Bedeutung und Herkunft des Karsamstages

1. Einordnung ins Kirchenjahr

Der Karsamstag ist der letzte Tag der heiligen Woche. Nach dem Sterben kommt nichts mehr außer Grabesruhe ... oder doch? Am nächsten Morgen beginnt Ostern, ein Sonntag, der die neue, lange Freudenzeit einläutet, weil Christus auferstanden ist. Der Karsamstag ist auch der Tag vor diesem großen Fest, einem Fest, das irgendwie vorbereitet sein will und so – ob wir wollen oder nicht – doch seine Lichtstrahlen in die finstere Karwoche zurückwirft, zumindest auf den Karsamstag. Diese merkwürdige Zwischenstellung zwischen ganz unten (Karfreitag) und ganz oben (Ostersonntag) macht sich in seiner Geschichte auf verschiedene Weise bemerkbar.

2. Liturgiegeschichtliche Aspekte

Der Karsamstag wird weitgehend als „aliturgischer Tag" beschrieben, also ein Tag ohne Gottesdienst, zumindest ohne Hauptgottesdienst, ohne Eucharistie. Kennzeichnend für die christliche Lebensführung an diesem Tag ist das strenge Fasten, das ihn eng mit dem Karfreitag verbindet. Als im frühen Mittelalter (10. Jh.) der Brauch aufkam, das Kreuz zu Grabe zu legen, wurde auch eine so genannte Grabwache üblich. Bis zur Ostervigil wechselten sich die Menschen ab und harrten betend und schweigend dort „am Grab" aus. Vom Tag der Grabesruhe Christi entfernte sich der Karsamstag im Laufe des Mittelalters immer mehr. Durch die allmähliche Vorverlegung des Ostergottesdienstes wurde er immer mehr bereits zum Ostersamstag, an dem zunächst um 16.00 Uhr, später bereits vormittags die Osterfeier begann. Inhaltlich haben diese Entwicklungen nichts mehr mit dem Karsamstag zu tun. In der evangelischen Kirche ist schon um 1730 der Karsamstag allgemein kein Feiertag mehr. Trotzdem fanden wohl an diesem „aliturgischen Tag" unterschiedliche gottesdienstliche Veranstaltungen statt, Predigten über das Begräbnis Jesu, Vespern mit Beichte, selten sogar Abendmahl. Das lutherische Lektionar sieht neben den Texten zur Grablegung Jesu auch 1. Petrus 3,18–22 und Ezechiel 37,1–14 als Lesungen vor und führt damit schon in Richtung Auferstehungshoffnung. Die neue kurhessische Agende sieht das Begräbnis Jesu nach Mt 27,57–61 oder Joh 19,38–42 bereits für Karfreitag (allerdings unter „außerdem") vor, Ez 37 wird in der Osternacht gelesen. Der Karsamstag ist nicht eigens berücksichtigt.

3. Die eigene Bedeutung des Karsamstags aus der Sicht der Systematischen Theologie

Im apostolischen Glaubensbekenntnis ist dem Karsamstag eine eigene Zeile gewidmet: „hinabgestiegen in das Reich des Todes". Doch auch im Nicänum wird Leiden und Sterben bis in die Einzelheiten betont: *gekreuzigt, gelitten, begraben.* Um die einzelnen Vorgänge rankten sich in der Alten Kirche mehrfach große Streitigkeiten, denn an dieser Stelle entfachte sich die christologische Frage, ob, inwieweit und inwiefern göttliche und menschliche Seite in Jesus Christus zusammenkommen. Kann Gott leiden? Und sterben? Aber wenn nicht, wo ist dann die Gottessohnschaft Jesu in seinem Leben zu finden? Lösen lassen sich diese Fragen wohl nicht, aber sie gehören zum Verständnis dessen, was Christen am Karsamstag bedenken und feiern können: Jesus war Mensch bis ins Letzte, d. h. er ist tatsächlich gestorben. Zum Tod eines Menschen gehört seine Beerdigung, als letzte Ehre und Anerkennung seiner Menschlichkeit in ihrer Würde und Vergänglichkeit. Auch Jesus bildete hier keine Ausnahme – deshalb ist Josef von Arimathias Werk und das Ausharren der Frauen am Grab so wichtig. Menschen trauern um diesen Menschen auf ganz menschliche Weise. Sie wenden sich nicht ab aus dogmatischen Gründen. Sie sind fassungslos und können nicht lassen von dem geliebten Freund – und Ostern ist noch unendlich weit weg. Jeder Mensch, der schon einmal den langen Prozess tiefer Trauer durchgemacht hat, erlebt in persönlicher Variante die dogmatische Bedeutung des Satzes: Jesus ist tot (nicht nur: für uns gestorben!). Denn so, wie damals seine Nächsten um Jesus trauerten, trauern andere heute um Vater oder Schwester, Ehepartner oder Kind. So bedeutet der Karsamstag Beistand bis in den letzten, den toten Winkel der Seele. „Hinabgestiegen in das Reich des Todes."

Ich möchte hier nicht im Einzelnen auf mythologische Vorstellungen vom Totenreich eingehen, sei es als Hades oder Scheol, Himmel oder Hölle. Wichtig ist für mich an all diesen Vorstellungen, dass es um die Toten geht und darum, was nach ihrem Tode mit ihnen geschieht, welchen Ort sie haben. Mancher Mensch mag diese Frage nicht stellen, weil er ja sowieso als Lebender dort nicht hinkommen kann, um sie zu beantworten. Viele stellen die Frage gerade deshalb: Das Reich des Todes bezeichnet den Ort, an den wir Lebenden den Verstorbenen nicht begleiten können – nur unsere Liebe geht als besorgte Frage mit. Zwischen den bildreich ausgemalten Vorstellungen von Himmel/Paradies einerseits und Hölle/Verdammnis andererseits liegt für mich der klare Satz: Jesus Christus ist auch da. Es ist für die Toten gar nicht so anders als im Leben auch: Gott ist auch im Totenreich Beistand in tiefster Tiefe und gute Macht, die zu retten und bergen imstande ist. Das ist der dogmatische Grund, schon den Karsamstag zu feiern, so wie es in der orthodoxen Kirche üblich ist: Jesus, der hinabsteigt in das Reich des Todes, wird gefeiert, weil er als Gottgesandter die Kerkertüren sprengt und so aus einem Ort der Gottverlassenheit einen Ort der Nähe und Kraft Gottes macht. Hier ist der Ort, wo „Tod und Leben rungen", wie Luther beschreibt. Ostern feiern wir den Sieg und fragen: Was sucht ihr den Lebenden bei den Toten? – Wenn wir den vor uns tief verborgenen mythologischen Kampf überhaupt verorten wollen, dann wohl am Karsamstag. Wie eng der Tod Jesu mit dem Sieg über den Tod an sich zusammenhängt, zeigt sich an dieser Schnittstelle. Noch einmal sei Luther zitiert: Die Schrift hat verkündet das, wie ein Tod den andern fraß (EG 101).

4. Der Karsamstag heute

Auch heute lässt sich der Karsamstag gut als aliturgischer Tag beschreiben. Sehr wenige wissen um seine Bedeutung, für manche mag es immerhin der Tag zwischen Karfreitag und Ostern sein. Der Einzelhandel freut sich, dass nun endlich (nach dem störenden Feiertag mitten in der Woche) wieder das Osterfest kommerziell genutzt werden kann. Vielleicht folgen die Menschen deshalb diesem Angebot so ausgiebig, weil es für viele die einzige Möglichkeit ist, sich diesem Fest zu nähern. Sowohl die christliche Karfreitags- als auch die Ostersonntagsbotschaft sind nicht verstehbar, geschweige denn begreiflich – und daher schwer zugänglich. Wie können wir damit umgehen, dass dogmatische Inhalte nicht mehr ohne weiteres übernommen und fraglos jedes Jahr repetiert werden? Wie können wir unsere Botschaft mit einem Leben erfüllen, das Menschen von heute zugänglich und wichtig ist? Mir ist gerade die mythologisch anschauliche Karsamstagsbotschaft hierbei hilfreich gewesen.

Drei Möglichkeiten, den Karsamstag zu begehen

a) Während meines Vikariats stand ich einmal vor der Aufgabe, einen Kindergottesdienst zum Karfreitag zu gestalten. Ich hatte Bedenken, einfach eine Kreuzigungsgeschichte zu erzählen, vor allem aus der Befürchtung heraus, die Kinder könnten auf blutrünstige Einzelheiten so sehr ansprechen, dass von der Tragik, aber auch der Bedeutung dieses Tages nicht mehr viel übrig bliebe. Um die Faszination des Grauens erst einmal auszuklammern, nahm ich Zuflucht zu einem Bild – einer Ikone von der Höllenfahrt Christi. Mit fünf größtenteils älteren Kindern betrachtete ich dieses Bild, wir beschrieben und entdeckten das Oben und Unten, Hell und Dunkel, einzelne Menschen und den Ausdruck in ihren Gesichtern. Schnell kam das Gespräch auf eigene verstorbene Verwandte – und schließlich auf Jesus, der gestorben ist. Selten habe ich einen atmosphärisch so dichten Gottesdienst wieder erlebt, in dem beides, Tragik des Kreuzestodes (musste Gott das denn so machen, dass Jesus sterben musste?), aber auch das Tröstliche (dann ist er ja auch bei meinem verstorbenen Opa) von den Kindern selbst verbalisiert wurde. Planen lässt sich so ein freies Gespräch nicht, sicher hängt der Erfolg von mehreren Faktoren ab, nicht zuletzt vom Wirken des Geistes. Ich habe mich selbst hauptsächlich als Zuhörende, allenfalls Nachfragende in Erinnerung. Im Mittelpunkt stand die Karsamstags – Ikone, die uns wohl allen als beeindruckendes Medium im Gedächtnis geblieben ist.

b) Die zweite Möglichkeit, den Karsamstag zu begehen, bezieht sich eher auf eine größere Öffentlichkeit. Der Gedanke daran entstand aus der Kombination zweier Beobachtungen: 1. Mythologie ist anschaulich und – nicht nur bei Kindern – wieder salonfähig geworden. 2. Bei manchen kulturellen Inhalten, die im normalen Rahmen als öde und veraltet gelten, hilft ein spektakuläres Ambiente und die Verbindung mit verwandten Genres, sie publikumswirksam in Szene zu setzen. Konkret wahrnehmen konnten wir das in unserer Region anlässlich der ersten Kasseler Museumsnacht, die enormen Anklang fand. Gute Werbung, die ungewöhnliche Veranstaltungszeit sowie die Gestaltung von „special events", die Kunstwerke mit passenden Literaturlesungen, Livemusik, Podiumsdiskussionen oder Kleinkunstvorführungen verbanden, führten dazu, dass Massen sich in den wochentags oft gähnend leeren Museen einfanden. Beim Zeitunglesen dachte ich: So ein Höllenspektakel müsste man Karsamstag auch mal veranstalten – gleichzeitig schrak ich zurück vor diesem zugegeben etwas abstrusen Gedanken hinsichtlich der liturgischen Eigenart dieses christlichen Feiertages. Vielleicht ist es eine Möglichkeit für Stadtpfarrer oder Medienbeauftragte, im städtischen Umfeld die Öffentlichkeit zu erreichen, die eher auf Events steht als auf stille Tage im Kloster. Warum also nicht Geschäftsleute ermuntern, in ihren Schaufenstern Bilder/Ikonen vom Reich des Todes und dem Kampf Christi mit dem Tod auszustellen? Vielleicht einen Malwettbewerb ausschreiben: Wie stelle ich mir die Hölle vor? Oder einen Geschichtenwettbewerb: Meine Reise ins Totenreich, oder: Einmal Hölle und zurück. Eine Aufführung von Orpheus in der Unterwelt könnte neben Lesungen aus der Bibel wie Ezechiel 37 stehen. Durch eine Zusammenarbeit mit Religionswissenschaftlern, Historikern oder Vertretern anderer als christlicher Religionsgemeinschaften könnten sich interessante Parallelen und Unterschiede entdecken lassen in Bezug auf Unterwelts- und Erlösungsvorstellungen. Podiumsdiskussionen wären auch zu diesem Thema sicher lohnenswert. Vielleicht findet sich auch eine Gruppe tanzbegeisterter Jugendlicher oder Erwachsener, die das Thema „Wie Tod und Leben rungen" in Bewegung und in Szene setzen. Der Phantasie sind keine Grenzen gesetzt, und ich denke schon, dass viele sich auf diese eher unverbindliche Art gerne mit der existentiellen Frage nach Tod und Leben auseinander setzen würden, entsprechendes Marketing vorausgesetzt. Wenn sie sich dadurch in weiteren und näheren Kreisen der christlichen Botschaft wieder annähern, umso besser.

c) Nach dieser etwas ins Blaue hineinphantasierten Möglichkeit noch eine weitere, die eher in unseren typischen gemeindlichen Kontext passt, somit ohne größeren Aufwand anzubieten ist. Anknüpfend an die seelsorgerliche Komponente der Karsamstagsbotschaft (siehe dazu 3.) möchte ich zu einer kurzen Andacht auf dem Friedhof einladen, im Gedenken an den Tod Jesu und an unsere Verstorbenen. In vielen Gemeinden gibt es dieses Totengedenken am Ewigkeitssonntag – daher die Erfahrung, wie wichtig den einzelnen Trauernden dieses Gedenken ist. Der Akzent liegt jedoch am Karsamstag etwas anders: Das Mitleiden Jesu und sein Weg, der zur Hoffnung führt, sind an diesem Tag stärker im Blick als die allgemeine Vergänglichkeit und die Erwartung des Gottesreichs. Abgesehen von den üblichen Bekanntmachungen im Gemeindebrief und der örtlichen Presse könnte eine persönliche Einladung der Angehörigen der Verstorbenen des letzten Jahres sinnvoll sein, etwa in dieser Form:

Liebe(r) ... ...!
In der Passionszeit erinnert die Kirche an den Leidensweg Jesu:
„gelitten unter Pontius Pilatus, gekreuzigt, gestorben und begra-
ben". Am Karsamstag, dem Tag nach dem Tode Jesu, wollen wir
um 14.30 Uhr eine Andacht auf dem Friedhof halten. Wir laden
Sie, die Sie im letzten Jahr einen lieben Menschen verloren haben,
besonders dazu ein. Gemeinsam wollen wir unserer Verstorbenen
gedenken und uns verbinden mit denen, die damals trauernd am
Grabe ausharrten. Trost finden wir bei dem, der hinabstieg in das
Reich des Todes, um Toten und Lebenden Heil zu sein.

Andacht am Karsamstag

ERÖFFNUNG

Friede sei mit euch von Gott, unserem Vater, und unserem
Herrn Jesus Christus.

BEGRÜSSUNG

Wir haben uns auf dem Friedhof versammelt. Viele Menschen
kommen hierher. Hier begraben wir unsere Verstorbenen, erinnern uns an sie und versuchen neue Kraft zu finden. Darum
lasst uns beten.

GEBET

Herr, unser Gott, wenn wir hier auf dem Friedhof stehen, sind
wir in Gedanken nicht bei uns selbst. Wir sind in einer Welt,
die wir nicht kennen. Wir sind bei denen, die vor uns dahin gegangen sind. Dir wollen wir sie immer wieder anvertrauen, die
wir so schmerzlich vermissen. Du gehst deinen Weg mit ihnen,
wo wir zurück bleiben müssen. Durch den Tod hindurch be-
gleitest du sie. Du willst auch bei uns sein in unseren ungewis-
sen Gedanken, in unserer Trauer und Einsamkeit. Stärke uns
für das Leben, das vor uns liegt. Amen.

LIED

Ich möcht', dass einer mit mir geht (EG 209,1.2)

PSALM

Psalm 139, 1–12.17–18

LESUNG

Der Tod reißt eine Lücke in das Leben derer, die an der Grenze zum Tod zurückbleiben müssen, ratlos und hilflos. Das ist heute sowie damals. Hören wir, wie Menschen um Jesus trauerten:

Lukas 23, 50–56

LIED

EG 209, 3.4

TOTENGEDENKEN

In der Stille des Karsamstags steigt Jesus hinab in das Reich des Todes, um auch bei denen zu sein, die wir nicht begleiten können. Während Menschen noch trauern, durchdringt Gottes heilsame Kraft die tiefsten Tiefen der Erde. In der Stille des Karsamstags wollen auch wir unserer Toten gedenken. Wir tun das in der Hoffnung auf Gottes Licht, das im Finstern leuchtet. *(Es werden die Namen derer genannt, die im letzten Jahr verstorben sind. Für jeden Verstorbenen wird ein Licht der Hoffnung angezündet; das kann der Pfarrer tun, aber auch Angehörige der Verstorbenen oder jemand aus dem Kirchenvorstand).*

LIED

Gottes Wort ist wie ein Licht in der Nacht (EG 572, Ausgabe Kurhessen- Waldeck)

GEBET

Herr, lass uns nicht verloren gehen in dem Tod, den wir nicht verstehen, der alles verändert und uns bedrückt, in dem Verlust, den wir betrauern, den Beziehungen, die zu Ende gehen, der Leere, die uns quält. Herr, lass uns nicht verloren gehen in der

Stunde unseres eigenen Todes, sondern leuchte uns mit deinem Licht von vorne her auf den Weg unseres Lebens, damit wir sicher schreiten voller Vertrauen, voller Liebe und mit Hoffnung. Herr, lass uns dein Licht finden, das uns wärmt. Herr, lass uns deine Liebe finden, die uns umfängt. Herr, lass uns die Fülle deines Lebens finden im Angesicht der Vergänglichkeit.[1]

VATER UNSER

SEGENSWORT

Der Segen des Herrn komme über euch, gehe mit euch und bleibe bei euch von nun an bis in Ewigkeit. Amen.

Kindergottesdienst am Karsamstag

ERÖFFNUNG UND BEGRÜSSUNG

LIED

Ich möcht, dass einer mit mir geht, 1–3 (EG 209, Menschenskinderlieder Nr. 82)

GEBET

Herr, unser Gott, dein Sohn Jesus Christus hat viel gelitten, bis zum Tod am Kreuz. Wir bitten dich, stehe allen Menschen bei, die Leid tragen müssen, und hilf auch uns, wenn wir es schwer haben. Amen.

PSALM

im Wechsel mit den Kindern:

– *Mein Gott, mein Gott, warum hast du mich verlassen?*

Wenn die Angst in mir hochkriecht und keiner da ist, der mich beschützt:

1 nach: H.J. Milchner, Beerdigung, Göttingen ²1995, S. 140.

– *Mein Gott, mein Gott, warum hast du mich verlassen?*

Wenn ich lange wach liege und mich schlimme Träume und Gedanken quälen:

– *Mein Gott, mein Gott, warum hast du mich verlassen?*

Wenn ich etwas falsch gemacht habe und nicht weiß, wie es wieder gut werden kann:

– *Mein Gott, mein Gott, warum hast du mich verlassen?*

Amen.

GLAUBENSBEKENNTNIS

LIED

Gib uns Frieden jeden Tag (EG 425, Menschenskinderlieder 72, 1–3)

GESPRÄCH ÜBER DIE IKONE

LIED

(noch einmal): Gib uns Frieden jeden Tag (EG 425)

FÜRBITTENGEBET

Lieber Herr Jesus Christus, du hast Angst, Leid und Sterben auf dich genommen. Man hat dich verhaftet, verspottet und getötet. Du hast die Angst überwunden. Hilf uns, dir zu vertrauen, wenn wir Angst haben. Du hast Spott ertragen. Hilf uns auszuhalten, wenn wir verspottet werden. Du bist gestorben und doch lebst du. Hilf uns zu glauben, dass wir nach dem Tod bei dir leben dürfen.

VATER UNSER

LIED

Komm Herr, segne uns (EG 170, Menschenskinderlieder Nr. 22)

SEGEN

Trinitatis

Zur Bedeutung und Herkunft des Feiertages

Mit dem Trinitatisfest tun wir uns weitaus schwerer als mit dem Pfingstfest, fehlt ihm doch noch mehr die Anschaulichkeit der großen Kirchenfeste. Deutlich ist zwar, dass das Fest der *Heiligen Dreifaltigkeit* im Laufe des Kirchenjahres den heilsgeschichtlichen Weg bündelt, der von Weihnachten über Ostern und Pfingsten führt. Es setzt quasi den „dogmatischen Schlusspunkt unter Weihnachten (Werk des Vaters), Ostern (Werk des Sohnes) und Pfingsten (Werk des Heiligen Geistes)".[1] Zur gleichen Zeit beginnt mit ihm ein langer Weg durch die Zeiten. Herausgestellt wird, in wessen Namen die Gläubigen alle Trinitatissonntage bis zum Ewigkeitssonntag durch ihr Leben unterwegs sind. Der Trinitatissonntag ist gleichsam das Nadelöhr des Kirchenjahres. Kein heilsgeschichtliches Ereignis liegt diesem Fest zugrunde. Deshalb nennt es K.H. Bieritz ein „Ideenfest".[2] Die Lehre von der Dreieinigkeit Gottes, im Neuen Testament nicht ausformuliert, wurde nach jahrelangen Streitigkeiten und Auseinandersetzungen im Jahre 381 n.Chr. zum Dogma erhoben. Sie ist der theologische Kern dieses Sonntages. Bieritz vermutet als Ursprungsort der liturgischen Dreifaltigkeitsfrömmigkeit benediktinische Klöster um die Jahrtausendwende.[3] Der Benediktinerabt Rupert von Deutz vermerkt in seinem etwa 1110–1112 geschriebenen Erstlingswerk „De divinis officiis" – „Der Gottesdienst der Kirche" im elften Buch: „Unmittelbar nach der

---

1 K. H. Bieritz, Das Kirchenjahr, S. 162.
2 Bieritz, Kirchenjahr, S. 161.
3 Bieritz, Kirchenjahr, S. 162.

Festfeier der Ankunft des Heiligen Geistes stimmen wir, einer sinnvollen Anordnung entsprechend, mit dem Offizium des nachfolgenden Sonntags sogleich den Lobpreis der heiligen Dreifaltigkeit an, weil nämlich nach der Ankunft dieses Heiligen Geistes der Glaube und das Bekenntnis des Namens des Vaters und des Sohnes und des Heiligen Geistes ihren Anfang genommen haben und sogleich verkündigt, geglaubt und in der Taufe gefeiert worden sind."[4] Dieser Aussage ist zu entnehmen, dass schon damals das Trinitatisfest am Sonntag nach Pfingsten gefeiert wurde – wenigstens bei den Benediktinern, da auch andere Termine bekannt sind. Erst 1334 wird dann das Trinitatisfest für die ganze Kirche als verbindlich erklärt, nachdem noch Papst Alexander III (1159–1181) das Fest hatte verbieten lassen. Die Reformatoren übernahmen das Fest, während die Ostkirchen ein Trinitatisfest nicht kennen. Sie verbinden das Thema der Dreieinigkeit mit dem Pfingstfest.

Das Wesentliche des Trinitatissonntages ist die Einsicht, dass in der Trinitätslehre ein Geheimnis Gottes ausgedrückt wird. In den Lehrformeln des Dogmas findet seinen Ausdruck, was die großen Kirchenfeste mit ihren einprägsamen Geschichten verdichteten. Wenn sich unser Herz der Tiefe Gottes öffnet, dann hören unsere Ohren Unerhörtes und Ungeschautes wird uns vor Augen gestellt. Wir werden eingeladen zum Verweilen, Aushalten und Bestaunen des Unfassbaren, das sich da in einer Zahl nähert. So schreibt schon Epiphanius von Salamis (315–403 n. Chr.) über die Geheimnisse der Zahlen, dass die in den göttlichen Schriften ausgedrückte Zahl der Dreieinigkeit selbst (die Dreizahl) etwas Geheimnisvolles und ein Wunder sei.

Warum sagt man: Dreimal darfst du raten? Warum fluchen wir „in Drei-Teufels-Namen"? Und warum sind „aller guten Dinge drei"? Vielleicht hat die Drei (auch) ihre religiöse Aussagekraft dadurch erhalten, dass wir „dreidimensionalen" Menschen mit ihr die Wirklichkeit ordnen, beschreiben und begreifen können.

---

4 Rupert von Deutz, De divinis officiis IV, herausgegeben, übersetzt und eingeleitet von Helmut und Ilse Deutz, Fontes christiani 33/4, Freiburg 1999, S. 1367.

Das Geheimnis Gottes, das in dem Wort Trinität und der damit verbundenen Lehre einen mühsamen, gelehrten Ausdruck findet, ist immer wieder Gegenstand menschlichen Bemühens um Erhellung gewesen. „Weil von der Einheit ihres Wesens und der Dreiheit der Personen die großen katholischen Väter Bedeutendes und Würdiges niedergeschrieben und gleichsam Weinlese haltend die Keltern aufgefüllt haben, hoffen auch wir selbst als die Letzten gleichsam durch die Nachlese von Beeren hinter den Winzern auf den Segen Gottes und haben das Verlangen, für denselben Glauben Sätze des katholischen Friedens auszusprechen."[5] Hören wir also einige Stimmen der Väter.

- Augustin[6] schreibt: „Licht ist der Vater, Licht der Sohn, Licht der heilige Geist, und doch sind sie zusammen nicht drei Lichter, sondern ein Licht."

- Hieronymus[7]: „Wenn du mich aber fragst, wie drei mit einem Namen genannt werden können, dann weiß ich es nicht, und ich bekenne ehrlich meine Unwissenheit."

- Der Armenier Mesrop[8]: „Denn die Sonne ist nicht ohne Licht und Wärme, die Quelle nicht ohne Wasser und Abfluss, der Verstand nicht ohne Wort und Geist. So war auch der Vater nicht ohne den Sohn und den Heiligen Geist."

Was diese willkürliche „Weinlese" unter den Vätern deutlich macht, ist das Bemühen, der dogmatischen Trinitätsformel Anschaulichkeit zu verleihen, sie gleichsam aus dem von gelehrtem Verstand produzierten Lehrgebäude zurückzuversetzen in die Bilderwelt der Seele: Aus der Formel eines Bekenntnisses werden Bilder des Glaubens. (Ein anderer Versuch, das Geheimnis der Trinität ins Bild zu setzen, ist das so genannte Hasenfenster des Paderborner Domes: Drei Hasen mit drei Ohren, die ein Dreieck bilden, und doch hat jeder Hase zwei Ohren). Und die lösen das Geheimnis der Trinität nicht auf, sie versuchen es ein wenig zu erhellen. Ein Geheimnis, das man

5 Rupert von Deutz, De divinis officiis IV, S. 1371.1373.
6 De trinitate 7. 6.
7 Über den Psalm 91.
8 1. Rede, in: A. Heilmann – H. Kraft, Texte der Kirchenväter, Bd.1, S. 67 f.

erklärend auflöst, ist kein Geheimnis mehr. „Ein Geheimnis kann man verstehen. Das bedeutet dann: Man kann es in seiner Unheimlichkeit und Unergründlichkeit stehen lassen und damit oder besser sogar: daraus leben. Man kann die Macht, die darin steckt, respektieren und die Angst, die das auslöst, mehr oder weniger verlieren. Man kann akzeptieren, dass man vieles, aber nicht alles im Leben erklären kann."[9] Martin Luther[10] hat diese Gedanken so ausgedrückt: „Man begeht heute das Fest der heiligen Dreifaltigkeit, welches wir auch ein wenig müssen rühren, dass wirs nicht umsonst feiern; wiewohl man diesen Namen ‚Dreifaltigkeit' nirgends findet in der heiligen Schrift, sondern die Menschen haben ihn erdacht und erfunden ... Dieses Wort bedeutet aber nun, dass Gott dreifaltig ist in den Personen. Das ist nun himmlisch Ding, das die Welt nicht verstehen kann ... Die Hohen Schulen haben mancherlei distinctiones (Unterscheidungen), Träume und Erdichtungen erfunden, damit sie haben wollen anzeigen die heilige Dreifaltigkeit, und sie sind darüber zu Narren geworden." Nach mehreren Schriftzitaten schließt Martin Luther: „Ich weiß wohl, dass Gott Vater, Sohn und Heiliger Geist sind; aber wie sie Ein Ding sind, das weiß ich nicht und soll es auch nicht wissen."[11]

Da nun liegt die Chance, die das Trinitatisfest uns im Laufe des Kirchenjahres anbietet. Die drei großen Kirchenfeste haben uns mit den zu ihnen gehörenden Sonntagen hineingenommen in das Geheimnis Gottes. Der Sonntag Trinitatis bündelt dieses Geheimnis und lässt uns teilhaben an der Dynamik, der Kraft Gottes, die in dem „Dreiecksverhältnis" von Vater, Sohn und Heiligem Geist spürbar wird. Es wird diese Kraft Gottes sein, die uns begleitet auf dem Weg durch unser Leben. Anders gesagt: Die auf den Trinitatissonntag folgenden Sonntage bis zum Ewigkeitssonntag vergewissern uns, in wessen Namen wir uns auf dem Weg in der Welt befinden und wessen Kraft in uns Schwachen mächtig wird. Da wird spürbar, was es heißt, vom

9 Manfred Josuttis, Offene Geheimnisse – Predigten, Gütersloh 1999, S. 10.
10 G. Walch, Luther – Sämtliche Schriften, Bd. XI, Sp. 1145 f.
11 G. Walch, a.a.O., Sp. 1151.

offenen Geheimnis Gottes zu leben: Das Geheimnis Gottes öffnet sich uns auf die Zukunft hin. Und es wird auch spürbar, wie leichtfertig es ist, diesen Sonntag zu verkürzen und ihm seinen Inhalt zu nehmen mit dem Argument, das Geheimnis der Trinität sei schwer nachzuvollziehen und der Gemeinde kaum verstehbar zu machen. In dem Geheimnis Gottes leben wir. Wir müssen es nicht verstehen. Das hat Martin Luther uns deutlich vor Augen gestellt.

Liturgie zum Trinitatissonntag – Epheser 1,3–14

WOCHENSPRUCH

Heilig, heilig, heilig ist der Herr Zebaoth, alle Lande sind seiner Ehre voll. (Jesaja 6,3)

LITURGISCHE FARBE

Weiß als Sinnbild des göttlichen Lichtes.

LIEDER

Komm, Gott Schöpfer, Heiliger Geist (EG 126)
Gelobet sei der Herr, mein Gott (EG 139)
Sollt ich meinem Gott nicht singen (EG 325)
Wir strecken uns nach dir (EG 625, Ausgabe Kurhessen-Waldeck)

LESUNGEN

Johannes 3,1–8 (9–15)
Römer 11, (32) 33–36
Jesaja 6,1–13
Psalm 19,2–7

Epheser 1,3–14

Psalm 145 im Wechsel (EG 756)

KYRIE

O Gott, mit deinem Opfer hast du die vollendet, die geheiligt werden (Hebräer 10,14), dich rufen wir an.

GLORIA

Lobsinget dem Herrn, ihr seine Heiligen, und preiset seinen heiligen Namen. (Psalm 30,5)

GEBET ZUM TAGE

O Gott, in Christus sind wir erwählt und gesegnet. Du heiligst uns mit deiner Heiligkeit. Lass uns in diesem Geheimnis leben lernen.

GEBET NACH DER PREDIGT

Heilig bist du, o Gott. Mit deiner Heiligkeit erfüllst du die ganze Erde. Wer du anrührst, der wird heilig. Wen du mit deinem Glanz umgibst, der ist geheiligt. Du nimmst uns hinein in das Geheimnis deiner Heiligkeit. Und wir fangen an, vor Ehrfurcht zu zittern und zu staunen. Behutsam buchstabieren wir, was deine Heiligkeit ist und was uns heilig ist. Bilder fallen uns ein, um von dir zu erzählen. Vater nennen wir dich, und manchmal auch Mutter. Aber schon das geht uns schwer über die Lippen. Sohn nennen wir dich, Messias, Christus und Heiland. Jesus Christus rufen wir an und staunen, dass im Menschen uns Gott selber nahe kommt. Geist nennen wir dich, Heiliger Geist, der du alles durchdringst. Und doch bleibt am Ende so vieles an dir voller Geheimnisse. Und das ist gut so.

Dreieiniger Gott, wir rufen dich an:
Weil wir immer wieder staunend vor deiner Macht stehen, die in uns Schwachen mächtig wird. Wir können es nicht begreifen, was doch mit den Hände unserer Seele zu greifen ist, dass du unser Leben durchdringst und uns die Zukunft offen hältst.

– *Dreieiniger Gott, wir rufen dich an.*

Du lüftest uns einen Zipfel deines geheimnisvollen Wirkens. Unsere Augen schauen deinen Glanz, und dann spiegelt sich in ihnen, die längst matt wurden, der Schein deiner Göttlichkeit. Was wir immer zu sehen wünschten, lässt du uns im Glauben schauen.

– *Dreieiniger Gott, wir rufen dich an.*

Immer wieder suchen wir nach Worten, mit denen wir ausdrücken können, was du tief eingedrückt hast in unser Leben. Manchmal sprudelt unser Mund, weil unser Herz voll von deiner Güte ist. Manchmal können wir nur noch stammeln, und manchmal verschlägt es uns die Sprache.

– *Dreieiniger Gott, wir rufen dich an.*

Wenn wir uns dir öffnen, dann weckst du Bilder in uns, die du vor aller Zeit in uns hineingelegt hast. Und sie steigen auf und zeigen in allen Farben deine Göttlichkeit. Erschrocken stehen wir da und staunen zugleich, weil du viel mehr bist, als wir je ahnten.

– *Dreieiniger Gott, dich rufen wir an:*

Mit dir wollen wir durch unser Leben gehen. Und was wir darin nicht verstehen, das legen wir dir zu Füßen. Und du wirst es aufheben und für uns aufbewahren, dass wir dereinst in deiner Nähe zusammenfügen können, was jetzt so unverbunden nebeneinander steht. Für jetzt aber gib uns deine Kraft, damit wir wenigstens tragen können, was wir nicht verstehen.

Gedanken zu einer Trinitatispredigt über Jesaja 6,1–13

Das Geheimnis der Heiligkeit des dreieinigen Gottes

Dieser in seinem literarischen Kern auf den Propheten Jesaja zurückgehende[12] Text ist in einer umfassenden und gründlichen Arbeit von Friedhelm Hartenstein[13] untersucht worden. Wohnort Jahwes ist der Tempel in Jerusalem. In ihm ist Gottes Heilsgegenwart erlebbar und kultisch begehbar. Die Vorstellung von der heilvollen Gegenwart Gottes im Tempel wird nun dadurch verändert, dass Jesaja sie in der Perspektive des Gerichtsgedankens darstellt. Die eigentliche Intention des Textes ist dann darin zu sehen, dass der Zugang zu Gottes Heilsgegenwart im Tempel endgültig verschlossen ist. Daraus ist zu schließen, dass für Jesaja der kultisch präsente Gott zu einem unzugänglichen Gott geworden ist. Und der so genannte Verstockungsauftrag (Jes 6,9.10) ist eine von Jesaja eingebrachte „Reflexionsfigur", die von der „Erfahrung der Verborgenheit Gottes auf unbestimmte Zeit geprägt ist!"[14]

Der Tempel ist Abbild des himmlischen Urbildes, auch wenn er mit Jahwes Gewandsaum „allenfalls eine göttliche Randerscheinung"[15] fasst. „Der Text will nicht aus auf den Topos der Gottesnähe im Tempel, sondern auf die ‚Utopie' der Gottesnähe."[16] In diesem Wortspiel verborgen ist auch der Gedanke der „Ortlosigkeit" Gottes. Gott, um es mit einem Buchtitel

---

12 Siehe die detaillierte Studie von Uwe Becker, Jesaja – von der Botschaft zum Buch (FRLANT 178), Göttingen 1998.
13 Friedhelm Hartenstein, Die Unzugänglichkeit Gottes im Heiligtum (WMANT 75) Neukirchen 1999; zu beiden Büchern siehe meine Rezensionen in: Homiletische Monatshefte 5/2000, S. 239.
14 Hartenstein, a.a.O., S. 223.
15 Hermann Spieckermann: „Die ganze Erde ist seiner Herrlichkeit voll". Pantheismus im Alten Testament?, in: ZThK 87, 1990, S. 418.
16 Spieckermann, a.a.O., S. 418.

von Christa Wolf zu sagen, an keinem Ort. Nirgends? Wozu dann ein Gotteshaus? Und doch bleibt der Tempel, das Haus Gottes, der Schnittpunkt, an dem sich der enthüllende Gott verhüllt.

Wir wollen diesen Gedanken nachgehen und bedenken, dass das Trishagion, der dreimalige „Heilig"-Ruf der Seraphen, wohl der Grund war, diesen Text dem Sonntag Trinitatis zuzuordnen. Mit dem dreimaligen „kadosch" (Heilig) besingen sie die Unansichtigkeit und Unanschaulichkeit Gottes. Sie besingen mit diesem Wort, wer Gott ist und was er ist. Sie besingen sein Wesen und sein Sein. Sie besingen, was ihnen und dem Propheten und allen Menschen nicht zugänglich ist und unsichtbar bleibt. Und doch erscheint die Herrlichkeit Gottes auch nach außen: „Voll ist die ganze Erde seiner Herrlichkeit" (Jes 6,3). Der Gott, der sich im Tempel enthüllt und zugleich verhüllt, ist der heilige Gott. Er heiligt durch seine Gegenwart den Ort und die Zeit der Begegnung. Heiligt er auch Ort und Zeit, wenn er unzugänglich ist?

Wir wollen zu diesen beiden Gedanken auch noch einen dritten nehmen. Der Prophet mit seinen unreinen Lippen spürt seine Unwürdigkeit. Es folgt die Entsündigung, die Läuterung mit den glühenden Kohlen (Jes 6,5–7). Sie vollzieht sich mit Worten und begleitender, deutender Symbolhandlung, „sozusagen in einem sakramentalen Akt"[17]. Der an den Lippen mit glühenden Kohlen entsündigte Prophet wird im Auftrag Gottes Worte sprechen, die wie glühende Kohlen unter die Menschen fallen. Er wird sich mit dem Gotteswort noch oft genug „die Lippen verbrennen". An dem Ort des sich verhüllenden und enthüllenden Gottes wird der Mensch von dem heiligen Gott geheiligt: Worte und deutende Symbole begleiten das Geschehen; wir erleben eine „heilige Handlung", ein Sakrament. Hat das Auswirkungen auf unsere Vorstellung von dem Kirchengebäude als Gotteshaus, wo doch die Gotteshäuser oft genug eher als „Gemeindehaus" angesehen werden?

Immerhin ist das religiöse Leben in unserer Kirche geprägt von einer Wiederentdeckung des Heiligen, von der Begehbar-

17 H. Wildberger, Jesaja 1–12 (BKAT X/I), Neukirchen 1972, S. 253.

keit heiliger Räume und der Erfahrbarkeit heiliger Zeiten. Das wird spürbar an dem sich neu entwickelnden Verständnis für sakrale Räume, an der Bedeutung des Gottesdienstes im heiligen Raum der Kirche und in der stärkeren Hinkehr zum Kirchenjahr, in dem wir die Heilsgeschichte Gottes durchwandern.

Manfred Josuttis hat den Zustand des protestantischen Gottesdienstes mit einprägsamen Worten beschrieben: „Der protestantische Gottesdienst versteht sich als religiöses Geschehen in reiner Profanität, aber auf der Ebene des individuellen Verhaltens, der baulichen Gestaltung, der sozialen Interaktion tauchen andauernd Aspekte auf, die zur behaupteten Profanität im Widerspruch stehen."[18] Und er fasst zusammen: „Gottesdienst findet in der Gegenwart statt an der Grenze zwischen verlorener Sakralität und drohender Profanität, in den Trümmern des Tempels. Wer heutzutage zur Kirche geht, sollte sich von Zeit zu Zeit der Klagelieder Jeremias erinnern."[19]

Wer sich dem Entwicklungsprozess vom alttestamentlichen Tempelkonzept über innerjüdische Vorstellungen bis hin zur neutestamentlichen Tempelkritik und der Vorstellung des Paulus von der Gemeinde als Tempel Gottes (1. Kor 3,16) nähert, dem wird vor allem die Problematik des Opferkultes deutlich. Aber sichtbar wird auch das Festhalten an ganz bestimmten Aspekten des Tempels. Denn auch die vergeistigtste Anschauung des Tempels konkretisiert sich für uns dreidimensionale Menschen im Raum. Es gibt Orte in dieser Welt, wo die Gemeinde Gottes die Heiligkeit Gottes im Lobpreis begeht. Diese Orte sind heilig, weil Gott sie mit seiner Gegenwart heiligt. Und aus Jes 6,5 erkennen wir, dass bei der Begehung der Heiligkeit Gottes zum gesprochenen Wort und zum „geschauten" Erleben das Sinnbild gehört. „Nur unter dem Schutz von Symbolen und Ritualen ist zur heiligen Zeit, im heiligen Raum eine Annäherung an das Göttliche möglich, bei der der Mensch sich nicht in den Abgründen der Gottheit verliert."[20]

---

18 M. Josuttis, Der Weg ins Leben, München 1991, S. 108.
19 a.a.O., S. 108.
20 a.a.O., S. 102.

Bedenken wir unter diesem Gesichtspunkt, aus wie vielen protestantischen Kirchen die Sinnbilder entfernt wurden. Wir sehen immer noch zu, wie Symbole konfessionalisiert und damit instrumentalisiert werden. Das „ewige Licht" etwa, dessen Sinnbildhaftigkeit Jes 60,19.20 erklärt, ist zu einem „katholischen" Gegenstand geworden. Verloren gegangen ist die tiefe religiöse Bedeutung, dass das Feuer, das göttliche Licht uns am heiligen Ort anzeigt, wem wir uns nähern und wer uns umgibt. Gehört dann das ewige Licht nicht auch wieder in protestantische Kirchen?

Was uns in den Trümmern des Tempels alles verloren gegangen ist, beschreibt Manfred Seitz: „In unseren evangelischen Gotteshäusern und Gottesdiensten ist weithin keine ‚Furcht' mehr spürbar. Man verzeihe die Verallgemeinerung, die Ausnahmen einschließt: Der evangelische Christ läuft kreuz und quer und laut durch die Kirche, vor allem am Altar vorbei – er ist ja nur ein Tisch – der katholische Tourist inzwischen auch. Ein evangelischer Pfarrer wollte zum Columbus-Jubiläum 1992 seine Kirche mit entsprechenden Plakaten ‚tapezieren', ein anderer tauschte dort Speziallebensmittel für Ausländer ein, ein Dritter bezeichnete das Sich-Erheben der Gemeinde im Gottesdienst zu Lesung und Gebet als ‚Gymnastik', ein Vierter hatte nichts dagegen, einen Kochtopf mit Weißwürsten auf den Altar zu stellen, ein Fünfter ließ seine Konfirmanden durch die Kirche zum Altar rennen, wo sie – zu seinem eigenen Erstaunen – plötzlich Halt machten, als stünden sie vor einem Geheimnis. Das sind keine Horror-Geschichten, sondern registrierbare Vorkommnisse. Sie haben mit ‚Spiritualität' zu tun; denn in ihnen drückt sich etwas Geistiges aus, eine Beziehung zum Gotteshaus und Gottesdienst, der die von Benedikt geforderte Ehrfurcht fehlt."[21]

Bei aller Problematik solch eines pastoralen ‚Lasterkatalogs' können wir ihn doch aus eigener Pfarrertätigkeit bestimmt ergänzen. Den einen ist das Gotteshaus und die Sorge um seinen

---

21 M. Seitz, Gottesdienst und Frömmigkeit, in: H.-Chr. Schmidt – Lauber – K.-H. Bieritz (Hgg.): Handbuch der Liturgik, Göttingen und Leipzig 1995, 599 f.

Erhalt zu viel Arbeit. Sie würden lieber Gemeindehäuser daraus machen. Andere aber entdecken die Chancen, die in der Gestaltung gottesdienstlicher Räume liegt. Hinlänglich deutlich aber wird doch, was wir unter den Trümmern des Tempels wiederfänden, machten wir uns nur auf die Suche nach der Heiligkeit Gottes. Den Weg weist uns der Seraphengesang von der Fülle des Glanzes Gottes in dieser Welt. Und die Vision des Propheten Jesaja zeigt uns, wie sehr in der Nähe Gottes Ehrfurcht diese Begegnung begleitet.

Die Berufungsvision des Jesaja, Predigttext am Trinitatissonntag, nimmt uns hinein in die Heiligkeit Gottes. Anders gesagt: Wir berühren den Saum des Gewandes Gottes und werden von dem Geheimnis Gottes berührt.

Meditation über Jesaja 6,1–13

Wenn Gott unsere verklebten Augen zum Sehen bringt und unsere verhärteten Ohren öffnet, dann schauen wir das Unschaubare, hören Unerhörtes. Den verfetteten Herzen treibt die Ehrfurcht die Starrheit aus. Die Ehrfurcht rettet uns vor dem religiösen Infarkt.

Wir suchen nach „Ausdrücken", um all die „Eindrücke" anschaulich zu machen, die wir zur heiligen Zeit am heiligen Ort in uns aufnehmen. Vom Geheimnis Gottes zu reden ist behaftet mit all unserer menschlichen Vorläufigkeit. Und doch nähern wir uns, von Gott berührt, dem „Saum seines Gewandes", um an den Rändern zu begreifen, was da an göttlichem Wesen in menschliches Leben scheint. Dann kann der Prophet nicht schweigen, erstickte er gleichsam am Gotteswort – und der Prediger auch nicht.

Und dann werden Worte vernehmbar, aus tiefem Ernst geboren, groß geworden und genährt von all der Sorge um Leben, das bei Gott geborgen ist, gereift unter Enttäuschungen und Hoffnungen. Denn die wollten nicht verstummen. Am Ende aber bleibt der schier unaussprechliche Gedanke, dass Gott es selbst ist, der mit diesen Worten die Augen verklebt und die Ohren verhärtet und die Herzensverfettung herbeiführt. Und wir reihen uns ein in den Chor der Ausleger, die an diesem Geheimnis göttlicher Heiligkeit herumbuchstabierten. Wir hören, wie es dem Evangelisten Markus mit diesen Worten erging (Mk 4,11f), und wir lauschen den Bemühungen des Evangelisten Johannes (12,39–41).

Und dann werden wir nach Worten suchen, um uns am Sonntag der heiligen Dreifaltigkeit hineinzufinden in die Vision des Propheten Jesaja. Es wird der Versuch sein, im Lichte des göttlichen „Glanzes" auf Erden von seiner Heiligkeit zu reden, auch wenn da Geheimnisse bleiben – und Ecken und Kanten, an denen wir uns stoßen, weil wir uns vielleicht ein zu leicht zugängliches Bild der Heiligkeit Gottes zurechtgelegt haben. Das Geheimnis der Heiligkeit Gottes führt uns auch zu den „dunklen Seiten"[22] Gottes. Wir reden gern vom „lieben" Gott – seinen Zorn[23] verschweigen wir und suchen uns dazu alle möglichen theologischen Tricks. Einer dieser Tricks ist das unausrottbare Argument, die Rede vom Zorne Gottes sei alttestamentlich und sei im NT durch die Rede von der Liebe Gottes überwunden. Und die Rede von der „Reue Gottes"[24], in der Theologie „ängstlich gemieden"[25], beinhaltet eines der wichtigsten und tiefsten Geheimnisse Gottes.

Wie die Heiligkeit Gottes in der Welt sichtbar und spürbar wird, das besingen die Seraphen, das beschreibt das Bild von der Dreifaltigkeit. Wir machen uns auf den Weg, diesen Vorstellungen Gottes und unseren Vorstellungen von ihm standzuhalten, damit sich das Herz belebe und Einsicht und Verständnis und Leben erhalte. Von den Seraphen, den einstigen

---

22 Dazu W. Dietrich – Chr. Link, Die dunklen Seiten Gottes, Neukirchen – Vluyn 1995.
23 W. Härle hat in seinem Aufsatz „Die Rede von der Liebe und vom Zorn Gottes", ZThK 87 (1990), Beiheft 8, S. 50ff alles Wichtige gesagt.
24 Dazu die lesenswerte Studie von J. Jeremias, Die Reue Gottes (BThS 31), Neukirchen-Vluyn ²1997.
25 J. Jeremias, a.a.O., S. 157.

Feuergeistern der Wüste und jetzigen himmlischen Jubelchören, lernen wir: Auch die dunklen Geister, die uns in den Wüsteneien unseres Lebens begegnen und erschrecken, werden im Glanz der Herrlichkeit Gottes zu seinen dienenden Geistern. Es könnte sein, dass Hermann Hesse mit seinen Worten dem Geheimnis der Heiligkeit Gottes auf der Spur ist und nebenbei den so schweren Worten des Propheten vom „Verstockungsauftrag" ein Geheimnis entlockt hat:

Die Verzweiflung schickt uns Gott nicht,
um uns zu töten,
er schickt sie uns,
um neues Leben in uns zu wecken.

Predigt über 4. Mose 6,22–27

In vier Schritten will ich das Geheimnis umkreisen, das in der Kraft des Segens wohnt. Leiten sollen mich die Worte und die ihnen innewohnende Kraft. Halten soll mich dabei die Mitte des Segens.

I

Taufgespräch, vorletzte Szene. Anwesend: die Eltern, die Patin, der Pfarrer. Ort: das Wohnzimmer der Eltern.

Besonderheit: auf dem Tisch die Taufkerze, die von der Patin mit Symbolen und dem Namen des Täuflings geschmückt ist. Vor dem Fenster in einer Bodenvase ein wunderschönes Trockengesteck. Daran werden im Taufgottesdienst die Wünsche der Gottesdienstteilnehmer für den Täufling gehängt.

Pfarrer: „Welche Empfindungen haben sie, wenn sie das Wort ‚Segen' hören?"

Mutter (nach einiger Zeit): „Dass Gott unseren Sohn beschützt …"

Godel (einfallend) „… damit ihm nichts geschieht."

Pfarrer: „Und wenn ihr Kind krank wird, wenn ihm etwas passiert?"

Vater (ganz spontan): „Dann taugt der ganze Segen nichts!"

Die Segensworte im 4. Buch Mose 6,24: „Der Herr segne dich und behüte dich!"

Wie oft bin ich diesem Knoten begegnet, geknüpft aus menschlicher Vorstellung und erlittener Wirklichkeit, festgezurrt durch all die Fragen, die keine Ruhe geben wollten. Vor allem in Gesprächen zur Taufe und zur Trauung blieb diese Frage dann nicht aus: „Was heißt das denn, dass Gott mich behütet und beschützt?" Und dann sind da noch die Konfirmanden, die mit mir den Psalm 121 meditieren. Viermal begegnen sie den Worten: „Der Herr behüte dich!" „Ja, wo denn?" fragen sie und erzählen von ihren Ängsten und Einsamkeiten.

An den Übergängen des Lebens, auf dem Weg in unbekanntes Land, halten wir inne und suchen nach Bestätigung und Bestärkung. Was meinen wir, wenn wir vom Schutz Gottes reden und ihn mit Segen in Verbindung bringen?

Wir sind über lange Wegstrecken wohl der Ansicht, Segen sei wie ein Schutzpanzer, dass nichts an uns herankommen kann. Alle Steine auf unserem Weg wird Gott uns schon beiseite räumen. Vor Krankheiten wird es uns verschonen. Kein Wunder, dass in einem gesunden, mit vielen Gütern „gesegneten" Menschen die besondere Zuneigung Gottes gesehen wird. Und kein Wunder, dass dann so viele Kranke fragen: „Was hab' ich nur verbrochen, dass Gott mich so sehr straft, mich gleichsam verflucht?"

Krankheit als Strafe Gottes, als Ausbleiben seines Segens, als Fluch gar, eine oft anzutreffende Vorstellung, oft genug verschwiegen, manchmal geäußert, wenn die Welt am Einstürzen war.

Was ich dann sage? Dies: Gott ist für mich zum Hüter ge-

worden, weil er mitging, auch auf unbekannten Wegen. Weil er
mich führte, wo ich gar nicht hinwollte. In den Händen habe
ich dabei freilich nichts, aber die Segensworte im Herzen: „Der
Herr behüte dich!" Gott ist mir zum Schutz geworden, weil er
mich buchstäblich beschirmte in den Stürmen des Lebens. Und
durch das dunkle Tal der Krankheit kam ich, weil ich ihm alle
meine Fragen und Zweifel vor die Füße warf in der nicht sterben wollenden Hoffnung, dass Gott all das aufhob, was ich
ihm vorwarf und auf ihn warf. Nicht ohne Blessuren und Ver-
letzungen ging das ab, aber doch eigentümlich bewahrt. Wer
mit Gott in den Nächten seines Lebens gerungen hat, der wird
wie der Erzvater Jakob humpelnd in seine Tage gehen, geschla-
gen von Gott und gesegnet. So sind wir von Gott Gezeichnete,
nicht allein an den Rändern des Lebens. Das füllt mich aus,
wenn ich die Worte höre: „Der Herr segne dich und behüte
dich!"

II

„Meinen Segen hast du!" Leicht abwertend klingen diese
Worte, und das Gesicht möchte sich eher abwenden als zusehen. Es hört sich eher an, als sage man: „Du hast dir da etwas
vorgenommen, das ich schlecht finde und nicht teile. Aber du
machst ja doch, was du willst. Also mach' es! Meinen Segen
hast du. Du wirst schon sehen, was dabei herauskommt." Das
Wort Segen steht im Raum und klingt doch eher nach Fluch.

Einst, so weiß ein alter Handwerker zu erzählen, habe er bei
seinem Vater im Betrieb Schreiner gelernt und seinen Gesellen-
brief erworben. Und dann sei er vor seinen Vater und seine
Mutter getreten – von Angesicht zu Angesicht – mit den Worten: „Bis heute habe ich von dir gelernt. Jetzt will ich in die
Welt hinaus und zusehen, was ich noch dazu lernen kann. Und
eines Tages, wenn es genug ist, dann komme ich zurück!"

Da habe er im Antlitz seines Vaters ein Aufblitzen gesehen,
als erinnere der sich an seine früheren Jahre, und in den Augen
seiner Mutter sammelten sich Tränen. Und dann habe der Vater ihn in die Arme genommen, fest gedrückt und dabei gesagt:

„Meinen Segen hast du", und die Mutter habe dazu genickt und ihm dann einen Kuss auf die Stirn gedrückt. Und als er dann gegangen sei, da war diese Wehmut tief im Herzen, die immer da ist, wenn einer geht und andere zurückbleiben. Aber er sei mit einem unbeschreiblichen Gefühl der Zuversicht und des Mutes gegangen. Und immer, wenn es in den nächsten Jahren einmal schwer wurde, dann sei ihm dieser Augenblick eingefallen. Passende Worte, stimmige Gefühle und eine Atmosphäre der Zuversicht in der Trennung. Und dann die Gesichter von Mutter und Vater, wie eingebrannt in die Seele, aufleuchtend bei jeder Erinnerung. „Der Herr lasse leuchten sein Angesicht über dir und sei dir gnädig", erfahren an einem Knotenpunkt des Lebens in Gestalt von Vater und Mutter, in ihnen Leib geworden der Segen Gottes. In der segnenden Zuwendung nimmt die Zärtlichkeit Gottes buchstäblich Gestalt an.

III

„Hals- und Beinbruch", ein schnell dahergesagter „Segens"-wunsch. In leicht ironischer Weise soll abergläubisch gerade das Missgeschick abgewendet werden, das man da eben so leichthin ausgesprochen hat. Tief in der Vorstellungswelt der Menschen ist verwurzelt, dass man das Gute nur herbeischwören kann, indem man scheinbar das Unglück herbeiwünscht. Ein unverhüllt ausgesprochener Glück- und Segenswunsch würde Unglück bringen: „Beschwatzt es nicht", sagen die Menschen bei uns. Wie bewusst ist uns dieser Mechanismus, wenn wir einander Hals- und Beinbruch wünschen?

Dabei enthüllt ein Blick in die Herkunft dieses Wunsches etwas Ungeahntes. Nach allem, was wir wissen, kommt diese „Zwillingsformel" aus dem Hebräischen: hazlacha we beracha (Ps 118,25). Das bedeutet: Glück und Segen. In der Eindeutschung wurde daraus Hals – und Beinbruch. Es ist der gleiche Vorgang wie bei dem hebräischen Glückwunsch zum neuen Jahr, zu „rosch haschanah". Daraus wurde in unserer Sprache der „gute Rutsch". Was macht uns nur so mutig, die Segensworte zu sagen: „Der Herr hebe sein Angesicht über dich und gebe dir Frieden" (4. Mose 4,26)?

Meine Knie will ich beugen, meinen Hals schutzlos machen, will mich nicht scheuen, mit meinem Körper meine ganze Machtlosigkeit anzuzeigen, und zu gleicher Zeit damit ein Signal nach Geborgenheit und Glückseligkeit setzen. Mitten im Leben müsste es sein wie damals, als ich noch ein Kind war, wenn Vater und Mutter „erschienen", ihr Antlitz liebevoll über meines beugten, mir leise Worte sagten, aus denen ich die Vertrauensmelodie des Lebens hörte, die mich im Wiedererkennen strahlend lächeln ließ. Da sie mir so zu den ersten Engeln auf Erden wurden, will ich mir von dir, o Gott, all die Unversehrtheit und Glückseligkeit in mein Leben setzen lassen, die wir schalom nennen.

IV

Christen segnen „im Namen des Vaters und des Sohnes und des Heiligen Geistes". Im Namen des dreieinigen Gottes werden sie gesegnet. Der dreieinige Gott wird angerufen und sein Name wird über uns ausgerufen. Und Gott wendet sein Antlitz uns zu. Er leuchtet und blickt uns entgegen. Uns gilt Gottes „Zuneigung". Der Segen öffnet eine Tür, aus der uns Gottes Zuneigung und Zuwendung entgegenströmt und uns von allen Seiten umgibt. Im Segen ist die Zuwendung erfahrbar, aus der das innewohnende Gefühl der Zuneigung spricht.

Zum Segen gehört also einmal die körperliche Ausdrucksweise. Erlebbar wird sie in der Zuwendung des Antlitzes Gottes, der sich über mein Gesicht neigt. Und plötzlich fällt auch Licht auf die Kehrseite des Segens; Fluch ist, wenn sich Gott von uns abwendet.

Es ist wohl ein Ausdruck besonderer Vertrautheit, Hingabe und Erfahrung von Geborgenheit, dass Gott sein Antlitz über mich hebt und mich anstrahlt. In der formelhaften Ausdrucksweise des Segens lässt sich eine der tiefsten Prägungen von uns Menschen erkennen. Die verwendeten Ausdrücke verweisen zurück auf Eindrücke in unserer Seele, da unser Fühlen geprägt und gestärkt wurde.

Deshalb gehört zum Segen die sprachliche Ausdrucksweise. Wir rufen Gott an und seinen Namen aus über Menschen. In und aus den in Formeln gefassten Worten wirkt eine Kraft, die Stärkung gibt über den Augenblick hinaus. Im Segnen entsteht ein Raum, den Gott heiligt mit seiner Kraft. Der angerufene Gott ist gegenwärtig. Seine Kraft wird in uns Schwachen mächtig. Und wir spüren es an Leib und Seele.

Und dann gehört zum Segen das sichtbare Zeichen. Nicht ohne Grund bedeutet das Wort Segen „mit dem Zeichen (des Kreuzes) versehen". Unter dem Zeichen des Kreuzes finden wir uns wieder, von der Kraft Gottes durchdrungen, von Gottes Zuneigung umgeben, von Gottes Geist geleitet. Amen

Johannis –
Geburtsfest Johannes des Täufers
(24. Juni)

Zur Bedeutung und Entstehung
des Feiertages

1. Entstehung und Bedeutung im Verlauf
der Kirchengeschichte

Johannes der Täufer wurde schon sehr früh in der Christenheit
hoch verehrt, zum einen als der „Vorläufer" (pródromos) des
Herrn gemäß Mal 3,1, zum anderen aufgrund der Rede Jesu
über Johannes als dem „größten der Menschen" (Mt 11,11 par).
Man kann davon ausgehen, dass er der erste Heilige war, dem
sowohl im Osten als auch im Westen große Bedeutung zuge-
messen wurde. So entwickelten sich zunächst liturgische Ge-
dächtnisfeiern und mit ihrer Verbreitung eine Reihe von Festen
zu verschiedenen Terminen und mit unterschiedlichen theologischen Ansätzen[1], die zum Teil bis heute erhalten sind.

Auch der Johannistag am 24. Juni als Geburtsfest des Täufers
ist schon im 4. Jahrhundert nachweisbar. Augustin weist darauf
hin, dass dies außer der Geburt Jesu die einzige Geburtsfeier
ist, die im Kirchenjahr begangen wird[2]. Der Termin berechnet
sich von Weihnachten her: Nach Lk 1,26 und 36 war Elisabeth

1 Zum Beispiel das Geburtsfest des Täufers; das Jahresgedächtnis des
   Täufers in Verbindung mit Epiphanias (gem. ostkirchlicher Überlieferung mit der Taufe Jesu verknüpft); die Feier der Empfängnis Jo-
   hanni; die Passio S. Joannis, gemäß der Überlieferung als Tauftag in
   Gallien gefeiert; das Fest der Enthauptung etc.
2 Serm. 287,3; PL 38,1302. – Das Fest der Geburt Mariä (8. September) ist erst später entstanden; vgl. Bieritz, Das Kirchenjahr, S. 266 f.

im sechsten Monat schwanger, als der Engel Gabriel Maria die Geburt Jesu ankündigte. In der Antike verstand man dies als exakte Zeitangabe, da es sich auf Gott, bzw. etwas Göttliches bezog. Dass der Termin dabei auf den 24. Juni festgelegt wurde statt – adäquat zum 25. Dezember – auf den 25. Juni, ergibt sich aus der römischen Zählung. Nach dieser errechnet sich das Datum vom Beginn des Folgemonats her. Der 25. Dezember ist der achte Tag vor dem 1. Januar; entsprechend ist der 24. Juni der achte Tag vor dem 1. Juli[3].

Schon Augustin deutete den Termin symbolisch; im Hinblick auf den Ausspruch des Täufers in Joh 3,30 („Er muss wachsen, ich aber muss abnehmen.") sah er in der abnehmenden Kraft der Sonne im Jahreskreislauf dessen Funktion als Wegbereiter Christi versinnbildlicht. Die terminliche und inhaltliche Verbindung zur Feier von Sommer- und Wintersonnenwende legte sich ihm offensichtlich nahe[4], zumal eine heilsgeschichtliche Deutung der Sonnenwenden schon im 3. Jahrhundert unter den Christinnen und Christen bekannt ist[5].

Im Mittelalter gewann der Johannistag offenbar nochmals an Bedeutung und wurde zu einem „Sommerweihnachten"[6] mit einer Vorbereitungszeit und mehreren Gottesdiensten. Mit Beginn des Spätmittelalters wandte sich das primäre theologische Interesse allerdings stärker der menschlichen Seite Jesu zu, wodurch Johannes der Täufer, der eher mit der göttlichen Seite Jesu in Verbindung gebracht wurde, mehr in den Hintergrund geriet.

Aber noch Martin Luther schätzte den Johannistag hoch. Er lehnte zwar die Fülle der Feiertage in der damaligen Kirche ab, und dabei insbesondere die Heiligentage, weil sich viel Aberglaube damit verband. Aber er stellte fest, es „wäre auch gut, dass die Pfarrherren einträchtiglich feierten die Sonntage Mariä Verkündigung, Reinigung, Heimsuchung, Johannes des Täu-

---

3 „dies VIII ante kalendas", vgl. Adolf Adam, Das Kirchenjahr mitfeiern, Freiburg 1979, S. 192, und öfter. Kalendas = erster Tag eines Monats.
4 Diese Verbindung wird jedoch teilweise heftig bestritten; vgl. zum Beispiel Kunze, a.a.O., S. 478.
5 Adam, a.a.O., S. 192; ähnlich Eckhard Bieger, Das Kirchenjahr zum Nachschlagen, Kevelaer [4]1997, S. 276.
6 Hans Hollerweger, Johannes der Täufer, in: LThK 5, Sp.875.

fers, Michaelis, die Aposteltage und Magdalenä …"[7]. Alle diese
Feste aber sollten Gott allein die Ehre geben: „St. Johannes des
Täufers Fest feiern wir nicht um Johannes willen, sondern um
unseres lieben Gottes willen, der solchen trefflichen Prediger
der Welt gegeben hat."[8]

Martin Bucer dagegen wollte eine radikale Abschaffung aller
Feiertage außer dem Sonntag[9].

Im Zuge der Aufklärung büßte das Fest noch mehr von seiner Bedeutung ein und wurde nicht mehr als allgemein gültiger
Feiertag anerkannt.

2. Johannes der Täufer als biblische Gestalt

Die vier Evangelien überliefern uns eine ganze Reihe an Infor-
mationen und Erzählungen über Johannes. Inwieweit sich ihr
jeweiliges Bild mit der historischen Person deckt, ist von Evangelist zu Evangelist unterschiedlich. Sicher ist, dass sie alle das
Überlieferungsgut auf ihren je eigenen christologischen Schwerpunkt hin zugeschnitten, bzw. übermalt haben. Dennoch belegt die Fülle des übernommenen Traditionsgutes die Bedeutsamkeit des Täufers Johannes, sowohl in historischer Hinsicht
als auch für die christliche Tradition.

Da sind einmal die wundersamen Ereignisse, die sich um
seine Geburt ranken: die unfruchtbare, alt gewordene Mutter[10]
(Lk 1,18), die Erscheinung des Engels, der die Geburt verheißt

---

7 Luther, Die Ordnung des Gottesdienstes (1528), zitiert nach Rietschel/
Graff, Lehrbuch der Liturgik, Bd. 1, Göttingen 1951, S. 173. Vgl. auch
D.M.Luthers Deutsche Messe …, 1526, S. 34. – Da Luther außerdem
grundsätzlich dafür plädierte, möglichst alle Feste auf den entsprechenden Sonntag vorher oder nachher zu verlegen, kann man evtl. davon
ausgehen, dass er dies auch für die hier aufgeführten Feste befürwor-
tete. Vermutlich meinte er aber mit „Sonntage" in diesem Zusammenhang die Feiertage selbst (so auch Rietschel/Graff, a.a.O., S. 173).

8 a.a.O.

9 Bieritz, S. 250

10 Vgl. im Alten Testament dasselbe Motiv in den Erzählungen über
Sara (Gen 17,15ff.), über Simsons Mutter (Ri 13,2ff.) und über
Samuels Mutter Hanna (1 Sam 1).

und den Namen des Kindes festlegt (Lk 1,11 ff.), die Stummheit des Vaters bis zur Beschneidung (V. 22 und V. 64), die ungewöhnliche Namensgebung (V. 59–63) sowie die bereits vorgeburtliche Reaktion auf die Begegnung von Elisabeth und Maria, und damit ja auch der beiden noch ungeborenen Söhne Johannes und Jesus (V. 41).

Des Weiteren erwähnt Lukas, dass Johannes im fünfzehnten Jahr des Kaisers Tiberius auftrat[11]. Auch Kleidungs- und Ernährungsart werden in den Evangelien überliefert, sowie die Information, dass er in der Wüste „jenseits des Jordans" (also wohl am Ostufer) predigte und taufte. Die bei Matthäus 3, 1–12 und Lukas 3, 1–9 zu findende Bußpredigt kennzeichnet den Täufer als einen strengen Rufer zur Umkehr mit eschatologischer Naherwartung. Die Androhung des Feuergerichtes Gottes, die Motive von der Axt an der Baumwurzel und der Worfschaufel sowie der Hinweis auf den Stärkeren, der nach ihm kommt, sind typisch für die johanneische Verkündigung. Der Täufer erscheint als Elia redivivus und prangert die Sünden des Volkes in aller Deutlichkeit an. Dass er dabei auch vor dem Königshaus nicht Halt macht, brachte ihn ins Gefängnis und kostete ihn schließlich das Leben (Mt.14,1–12 par.). So sah man in ihm meist einen Mann von Charaktergröße und unbedingter Wahrhaftigkeit, einen Märtyrer für die Wahrheit und die Botschaft Gottes.

Aber es gibt auch noch eine andere Seite, von der erzählt wird: einen verunsicherten Johannes, der mit Glaubenszweifeln ringt (Mt 11,2–6 par).

Zu beachten ist außerdem die Hochachtung Jesu vor dem Täufer (Mt 11,7–15 par), der ihn als „größten unter den Menschen" bezeichnet und „mehr als (nur irgend)einen Propheten" in ihm sieht[12]. Gleich im Anschluss an diesen Text wird die Ablehnung konstatiert, die sowohl Jesus als auch Johannes im Volk widerfährt, und die asketische Lebensweise des Täufers,

---

11 (Lk 3,1) – gemäß Conzelmann/Lindemann ein „ziemlich genaues und wohl auch zuverlässiges Datum", a.a.O., S. 342.
12 In Mt 11,14 findet sich darüber hinaus die Aussage: „Er ist Elia, der da kommen soll."

die ihn von Jesus unterscheidet. Sie wird auch in der Frage nach dem Fasten (Mk 2,18–20 par) angesprochen.

Im Johannesevanglium weist der Täufer – im Unterschied zu den Synoptikern – jegliche eigene Autorität von sich und wird schon im Prolog gänzlich reduziert auf den auf Jesus („das Lamm") Hinweisenden. In diesem Zusammenhang ist auch das Bildwort vom Bräutigam und seinem Freund zu sehen (Joh 3,22 ff.), das schließlich in den bekannten Vers 30 mündet: „Er muss wachsen, ich aber muss abnehmen."

Es gibt noch eine Reihe weiterer interessanter Aspekte in Bezug auf Johannes den Täufer in der Bibel, die zu entdecken ich an dieser Stelle ermuntern möchte: zum Beispiel die Frage nach der Gebetspraxis des Täufers, die in Lk 11,1 anklingt und die Frage nach dem johanneischen Jüngerkreis und ihren Traditionen (Apg 18,24–28; 19,1–7).

3. Der Gottesdienst in der römisch-katholischen Liturgie und in der Erneuerten Agende der evangelischen Kirche

Der Johannistag ist im Laufe der Zeit zum Hochfest geworden. Im Missale Romanum gehört er heute zum *Proprium missarum de sanctis* (Zusammenstellung der Heiligentage im Kirchenjahr).

Seit dem 4./5. Jahrhundert ist zusätzlich zur Tagesmesse eine Vigil am Vorabend des 24. Juni bezeugt[13], die als Bußgottesdienst konzipiert war. Heute hat sie sich zur festlichen Vorabendmesse gewandelt[14].

Besonders zu beachten sind
● die alttestamentlichen Lesungen, die beide die Berufung eines bedeutenden Propheten vom Mutterleib an themati-

13 vgl. Hollerweger, Sp.875. Reckinger, S. 198. Pascher (S. 560) und Adam/Berger (S. 224) ordnen sie dem 6. Jahrhundert zu. Die Quellen, auf die die Genannten sich berufen, sind das Sacramentarium Leonianum, bzw. Sacramentarium Veronense, die Aquileische Epistelliste und die Epistelliste des Würzburger ComeS.
14 vgl. die Grundordnung des Kirchenjahres und des Kalenders, Nachkonziliare Dokumentation 20, Trier 1969.

sieren (Jer 1,4–10 und Jes 49,1–6) und damit Johannes in die Reihe der großen alttestamentlichen Propheten stellen;
- die beiden Evangeliumslesungen, die am Vorabend von der Verheißung des Erzengels Gabriel an Zacharias (Lk 1,5–25) und in der Tagesmesse von der Geburt, Beschneidung und Namensgebung des Johannes (Lk 1,57–66.80) erzählen und damit in gewisser Parallele zu Advent/Weihnachten stehen;
- die eigene Präfation dieses Festes, die ausdrücklich auf Johannes den Täufer Bezug nimmt und seine Bedeutsamkeit als Vorläufer, seine Sonderstellung unter den alttestamentlichen Propheten, seine Funktion in der Heilsgeschichte und die Erfüllung seines prophetischen Dienstes im Martyrium herausstellt.

Bislang gab es in evangelischen Gemeinden am Johannistag vereinzelt Andachten auf den Friedhöfen mit entsprechenden Lesungen (Lk 1,57–80; Apg 19,1–7). Es bestand die Empfehlung, „der Tag soll da, wo er nicht am 24. Juni selbst gefeiert wird, am vorhergehenden oder nachfolgenden Sonntag begangen werden."[15] Die Agende I der evangelischen Kirche von Kurhessen und Waldeck von 1968 bietet zwar noch unter der Überschrift „Besondere Tage und Gelegenheiten" eine Gottesdienstordnung für den Tag Johannes des Täufers[16], in den „Ergänzungen" von 1983 und der „Agende I – Die Sonn- und Feiertage" von 1985 kommt der Johannistag jedoch nicht mehr vor.

Die Erneuerte Agende (1996) hingegen versucht, den Johannistag wieder neu ins Bewusstsein zu rücken. Sie bietet dabei für die einzelnen liturgischen Stücke des Gottesdienstes sogar jeweils verschiedene Alternativen an.

4. Brauchtum

Die Terminierung, die (seit Augustin!) gängige Deutung als Feier von höchster, dann aber abnehmender Kraft und nicht zuletzt das Brauchtum weisen deutlich darauf hin, dass der Jo-

15 Bieritz, Kirchenjahr,S. 240.
16 a.a.O., S. 248 f.

hannistag im Zusammenhang mit dem alten Fest der Sommer-
sonnenwende zu sehen ist. Auch die enge Bezogenheit auf
Weihnachten, dessen Festlegung auf den 25. Dezember religionsgeschichtlich als Christianisierung der Feier des *sol invictus*
zur Zeit der Wintersonnenwende betrachtet wird[17], deutet in
diese Richtung.

Eine Fülle uralter Bräuche sind für das Johannisfest, insbesondere die Johannisnacht, überliefert. Sie sind durchweg heidnischen Ursprungs und stammen vermutlich in den meisten
Fällen aus Licht-, Feuer- und Sonnenritualen, wurden aber
vom christlichen Glauben her neu gedeutet.

a) Feuerbräuche

- Das *Johannisfeuer* ist wohl der bekannteste Brauch des Jo-
  hannisfestes. Es ist nach der Tradition als Heils- und Reini-
  gungsfeuer zu verstehen und soll nicht durch Stahl oder
  Stein, sondern durch Holzreibung entzündet werden. Auch
  strohumwickelte Räder wurden, bzw. werden mancherorts
  verbrannt (und vom Berg herabgerollt) oder auch brennende Fackeln herumgetragen.
- Der alte Brauch eines *priesterlichen Segnens des Feuers* ist
  nach dem neuen Benediktionale vorgesehen[18], nachdem die
  Kirche ihn lange vehement abgelehnt hatte.
- Mit dem Johannisfeuer verbinden sich weitere Bräuche: der
  Tanz um das Feuer und das *Springen durchs Feuer* (wobei früher insbesondere bei Paaren Orakelsprüche üblich waren)[19].
  Beides soll reinigende und heilende Kräfte im Menschen
  wirksam werden lassen. Teilweise wurden offenbar sogar

17 Bieritz, S. 190 f.
18 Bieritz, Kirchenjahr, S. 240 – Diese Feuersegnung kann auch zu anderen Gelegenheiten vollzogen werden.
19 Herbert Martin, Zeichen am Weg, Das Kirchenjahr entdecken. Kassel 1991, überliefert dazu folgenden Reim (S. 112):
   „Stiebt die Flamme lustig für, kommt man vor die Hochzeitstür.
   Sengt das Feuer gar das Haar, heirat' man im andern Jahr.
   Kommt der Rauch von unten 'raus, wird nix aus dem Hochzeits-
   schmaus."

die Viehherden um das Feuer herum getrieben, um diese Kräfte auch den Tieren nützlich werden zu lassen.

- Auch der *Asche und Kohle* des Johannisfeuers wurden heilbringende Kräfte zugeschrieben, und man nahm sie mit nach Haus.

Die Christianisierung der Feuerbräuche knüpfte wohl vor allem daran an, dass Johannes der Täufer in seiner Bußpredigt vom Feuergericht Gottes sprach und den verhieß, der mit dem Heiligen Geist und „mit Feuer taufen" werde (Mt 3,10ff. par).

b) Wasserbräuche

In manchen Gegenden wurde das Wasser an diesem Tage als in besonderer Weise heilbringend geglaubt. So widmete man dem Wasser Aufmerksamkeit durch

- *Reinigung der Brunnen*
- *Segnung von Quellen, Flüssen und Teichen*
- *Waschungen* (Bäder)

Durch die Taufe des Johannes dürfte sich die Christianisierung der Wasserbräuche geradezu angeboten haben, auch wenn diese nicht so weit verbreitet waren wie die Feuerbräuche.

c) Naturbezogene Bräuche

- Insbesondere das *Johanniskraut* verbindet sich mit dem Fest des Täufers, da es gerade zu dieser Zeit blüht. Dazu kommt, „dass die Pflanze in den goldgelben Blüten in kleinen, schwarzen Drüsen ein rotes Harz enthält. Reibt man die Blütenblätter zwischen den Fingern, so tritt dieses rote Harz aus und färbt die Finger rot. Im Mittelalter entstand die Sage, dass die Pflanze aus dem Blut, das Johannes der Täufer bei seiner Enthauptung vergossen hat, entsprungen ist. ... Aber auch der Teufel war nicht faul. Er durchstach die Blätter des Johanniskrautes mit tausenden von kleinen Nadelstichen und hoffte, sie dadurch zum Verdorren zu bringen. Diese kleinen, durchscheinenden Löcher kann man heute noch sehen, wenn man die ovalen, glatten Blättchen gegen das Licht hält."[20] Das Johanniskraut ist als Heil-pflanze zur Wundheilung, als Antidepressivum und zum Anregen der Lebertätigkeit bekannt. Kleine Sträußchen aus Johanniskraut, aber auch aus *Farnkraut, Beifuß, Eisenkraut* und *Rittersporn* werden nach altem Brauch in das Johannis-feuer geworfen, um die blühende und heilende Kraft dieser geheimnisvollen Kräuter für den Menschen wirksam wer-den zu lassen. Auch Tannenzweige werden mit dem Johan-nisfest in Verbindung gebracht, da sie an die Advents- und Weihnachtszeit erinnern und damit – adäquat zu Johannes dem Täufer – auf Christus hinweisen.

- Einen weiteren alten Brauch beschreibt Brentano: „Dann ziehen Kinder in der Nachbarschaft herum, sammeln *Eier*, die sie *in einen mit Feldblumen geschmückten Korb* auf Blät-ter legen und sich abends zum eigenen Feste backen las-sen."[21]

Sowohl die Symbolik der blühenden als auch der immergrünen Pflanzen und der Eier legt es nahe, dass diese Bräuche aus alten Lebens- und Fruchtbarkeitsritualen stammen. Christlich gedeutet können sie als Schöpfungslob und als Hinweis auf den, der das ewige Leben gebracht hat, nämlich Christus, verstanden werden.

Die Johannisnacht wurde von alters her als eine Nacht der Wunder und Geheimnisse gesehen. So hieß es zum Beispiel, dass die Träume dieser Nacht in Erfüllung gehen und einen Blick in die Zukunft gewähren. Alle guten und heilsamen, aber auch die dunklen Kräfte der Natur seien erfahrbar. Es „öffnen sich im Märchen die Berge; Elfen und Zwerge treiben ihr Wesen und verraten verborgene Schätze, verwunschene Jungfrauen kommen in der Mittagstunde ... Erlösung zu finden, in den Seen hört man versunkene Glocken läuten, man kann die ge-heimnisvolle Wünschelrute finden, kann die Sprache der Tiere verstehen, und Liebenden wird auf jeden Fall geholfen."[22]

20 Ingrid Gabriel, Die farbige Kräuterfibel. Heil- und Gewürzpflan-zen. Niedernhausen/TS. 1982, S. 94.
21 Zitiert nach Hermann Kirchhoff, Christliches Brauchtum im Jahres-kreis. München 1990, S. 202.
22 Schönfeldt bei Kirchhoff, a.a.O., S. 201.

5. Erfahrungen und Vorschläge für ein Johannisfest

In unserer Gemeinde wurde im Anschluss an den Gottesdienst mit dem Feuer der Altarkerzen das Johannisfeuer angezündet (ggf. eine Fackel als „Mittler" verwenden!). Frauen und Mädchen bekamen kleine Sträußchen aus Johanniskraut überreicht, Männer und Jungen kleine Tannenzweige. Diese konnten vor dem Heimweg ins Feuer geworfen werden[23]. Durch das Verbrennen entwickelte sich ein angenehmer Duft. Gerade den Kindern bereitete es großen Spaß, während der gesamten Feier alle möglichen Zweige in die Flammen zu werfen.

Tänze wurden im großen Kreis um das Feuer herum getanzt; dabei handelte es sich um einfache Schreittänze, die schnell und leicht zu erfassen sind. Die Musik bestand aus bekannten Volksweisen (vom Band oder von CD).

Das Märchenhafte und Geheimnisvolle der Johannisnacht sprachen wir durch alte Sagen und Legenden, die in der Nähe lokalisiert sind, an[24]. Sie wurden am Feuer sitzend erzählt. (Achtung! Vorlesen ist ab der Dämmerung schwierig!)

Der Sprung durch das Feuer wurde vor allem von jüngeren Leuten gewagt. Es ist ein Erlebnis! Insbesondere Konfirmanden und Konfirmandinnen, aber auch ältere Jugendliche und Erwachsene hatten großen Spaß dabei. Jeder Sprung wurde genau beobachtet und durch Klatschen belohnt. Wer nicht den Mut zum Springen aufbringt, sollte selbstverständlich nicht überredet oder gedrängt werden.

Bezüglich des Essens hatten wir uns von Brentanos Bericht anregen lassen und boten – außer den üblichen Grillwürstchen – in einem großen Korb gekochte (weiße) Eier an, die wir auf große Blätter gelegt und mit bunten blühenden Blumen geschmückt hatten.

---

23 Es war erstaunlich, wie viele Menschen ihre Sträußchen oder Zweige tatsächlich in die Flammen warfen. Besonders in Bezug auf das blühende Johanniskraut war vorher häufig geäußert worden, dass „man das ja kaum über's Herz brächte".
24 Buchtipp: Hessische Sagen, Hg. Ulf Diederichs und Christa Hinze, Köln 1984⁴ o. ä.

Zur Beachtung:

- Für das Abbrennen von größeren Feuern wie dem Johannisfeuer braucht man eine schriftliche Genehmigung der Stadt/Ortsgemeinde! Sie muss einige Wochen vorher beantragt werden.
- Die Zusammenarbeit mit der örtlichen (freiwilligen) Feuerwehr bietet sich an.
- Die Bräuche und Traditionen, die im Laufe des Festes belebt werden, sollten jeweils erklärt werden, m.E. sowohl in ihrer alten heidnischen Dimension als auch in ihrer christlichen Deutung.

6. Persönliche Schlussbemerkung

Das Fest wurde in der Gemeinde sehr gut angenommen. Gegen Ende des Abends wurden auch schon verschiedene Pläne für ein Johannisfest im kommenden Jahr geschmiedet.

Ob man die Feier des Johannistages in der eigenen Gemeinde in den Jahreskreis mit aufnimmt, sollte jede Pfarrerin/ jeder Pfarrer in Zusammenarbeit mit dem Kirchenvorstand selbst entscheiden. Die Traditionen und Bräuche sprechen die Menschen unmittelbar an und entfalten daher eine große Anziehungskraft, aber sie sind zum Teil erkennbar erst nachträglich christianisiert. So mag es auch sein, dass man dadurch abergläubischen Vorstellungen Vorschub leistet.

Darüber hinaus entsteht aus der Christianisierung des alten Sonnwendfestes und seinen Bräuchen eine spürbare Ambivalenz, die sich zum Beispiel in dem Miteinander von Mahnung zur Umkehr und Feier der höchsten Lebenskraft zeigt.

Sehr empfehlenswert ist die Feier des Johannistages in jedem Fall, wenn der Termin auf das Wochenende fällt und der Tag dann als Gemeindefest gefeiert werden kann.

Liturgie zum Johannistag
(Lukas 3,7–18)

Der folgende Gottesdienst ist konzipiert für eine Gemeinde, in der die Tradition des Johannistages völlig verschüttet war. Gottesdienst und anschließendes Fest fanden am Abend unter freiem Himmel statt. Die musikalische Begleitung übernahm der Posaunenchor.

Der Gottesdienst folgt der Ordnung IV – Der Bußgottesdienst.

Die Predigt will Leben und Botschaft des Johannes zur Geltung bringen. Sie bezieht sich primär auf zwei Texte: Lk 1, 5–25.57–80 (nicht als Lesung, sondern nacherzählt) und Lk 3,7–18 (Text der Schriftlesung).

BEGRÜSSUNG

Herzlich willkommen zu unserem Gottesdienst heute Abend sowie unserer anschließenden Feier. Wir feiern den Geburtstag von Johannes dem Täufer. Nach ihm ist der Johannistag benannt. Wir wollen bedenken, was er den Menschen gesagt und bedeutet hat.

Im Namen Gottes feiern wir diesen Gottesdienst: Gott ist die Fülle unseres Lebens. Jesus Christus leuchtet uns auf dem Weg. Gottes Geist begleitet und stärkt uns. Amen.

(im zweiten Teil nach Agende I-2, S. 591, Nr.21)

LIED

Geh aus, mein Herz, und suche Freud (EG 503, 1–3)

PSALM

Lukas 1,68 (Antiphon) 69–71.78–79

L 1: Gott, wir freuen uns an dieser Welt,
an allem, was du uns gegeben hast:
am blauen Himmel bei Tage, auch an den Regenwolken,
am funkelnden Sternenzelt bei Nacht, auch an der Dunkelheit,
an der Kraft des Feuers und am Wasser, das wir trinken,
an der Luft, die wir atmen, freuen wir uns;
auch an der Landschaft, die uns umgibt,
und an den Tieren und Pflanzen, mit denen wir leben.

L 2: Doch in uns ist auch eine Stimme laut,
die uns beunruhigt und zur Umkehr ruft:
„Wer hat euch denn gewiss gemacht,
dass ihr dem künftigen Zorn entrinnen werdet?
Seht zu,
Bringt rechtschaffene Früchte der Buße!"
Gott, zeige uns den Weg ins Leben
Erbarme dich unser:

Oder:

L 1: Gott, wir freuen uns an dieser Welt,
an allem, was wir schaffen und erfinden:
An den Errungenschaften der Technik,
die uns helfen, leichter zu leben,
und mit denen wir Krankheiten heilen
und Leben retten können.
Auch an schönen Künsten freuen wir uns,
an schönen Bildern, Musik und Theater,
an Büchern und Fernsehsendungen,
an großen Bauwerken und Spielplätzen
und an unseren Leistungen im Sport,
an Schnelligkeit und Kraft
ebenso wie an anmutigem Tanz.

L 2: Doch in uns ist auch eine Stimme laut,
die uns beunruhigt und zur Umkehr ruft:
„Was hülfe es dem Menschen,
wenn er die ganze Welt gewönne

und nähme an seiner Seele Schaden?"
Gott, zeige uns den Weg ins Leben,
erbarme dich unser.[25]

TAGESGEBET

Ich suche dich, Gott, jeden Morgen
und sehne mich nach deinem Licht,
das mir den Tag aufschließt.
Ich halte mittags nach dir Ausschau
und lerne dann, dich zu verstehen
in Licht und Schatten neben mir.
Und wenn es Abend wird,
dann sehne ich mich nach dir,
dass du mich führst
durch Dunkelheit und Angst.[26]

SCHRIFTLESUNG

Lk 3,7–18 (Votum mit „Amen")

LIED

Kam einst zum Ufer (EG 312, 1+4–6)

LIED

Wir wollen singn ein Lobgesang (EG 141, 1–6)

SÜNDENBEKENNTNIS

Gott, du bist geduldig und gibst neue Chancen.

Wir bitten dich: Vergib alles, womit wir schuldig geworden sind und was wir schuldig geblieben sind. Lass uns doch mehr ins Reine kommen und aufmerksamer sein mit uns selbst, miteinander und mit dir, guter Gott. Erbarme dich und hilf uns durch deinen Heiligen Geist.[27]

---

25 aus Agende I-1 EKKW, S. 466f.
26 nach Agende I-1EKKW, S. 468, Nr. 684.
27 nach Agende I-2,EKKW, S. 669, Nr. 1064.

So spricht Gott, der Herr: Fürchte dich nicht, ich bin mit dir; weiche nicht, ich bin dein Gott. Ich stärke dich, ich helfe dir auch, ich halte dich durch die rechte Hand meiner Gerechtigkeit. (Jes 41,10). Amen.

GLAUBENSBEKENNTNIS

FÜRBITTENGEBET

Allmächtiger Gott, barmherziger Vater,
du hast uns wieder auf die Höhe des Jahres geführt
und gibst der Erde Segen und Wachstum durch die Kraft der Sonne.
Wir danken dir, dass du uns durch deinen Knecht Johannes
hast hinweisen lassen auf Christus,
das wahrhaftige Licht, welches alle Menschen erleuchtet.
Hilf uns, in allem Vergehen der Welt
an ihre Verwandlung zu glauben,
wie Johannes der Täufer sie angekündigt hat
und Jesus Christus sie vollenden wird.
Wir bitten dich für deine Kirche auf Erden:
Segne ihren Dienst in dieser Zeit,
dass sie nicht für sich selber Ehre suche,
sondern durch ihr Zeugnis allein Christus verherrliche.
Wenn jetzt die Bahn der Sonne sich wieder abwärts neigt
und die Tage abnehmen, so lass uns dessen gedenken,
dass alles Leben auf dieser Erde abnehmen muss,
damit aufgehe der ewige Tag,
an dem wir schauen die Sonne der zukünftigen Welt
in Christus Jesus, unserem Herrn.
Ihm sei Ehre, Preis und Anbetung in Ewigkeit.[28]

LIED

Geh aus, mein Herz (EG 503, 8.13+14)

28 Agende I-1EKKW, S. 469, Nr.686.

Liturgie zum Johannistag

Johannes der Täufer hat sein Leben der Aufgabe gewidmet,
auf Gott hinzuweisen,
und darauf, dass er in Jesus Christus zur Welt gekommen ist.
Wir aber überhören seine Botschaft so oft
und weisen auch selbst nicht angemessen auf Gott hin.
Wir bitten dich, Gott, erbarme dich.

LOBPREIS

Der Glaube allein ist es,
der uns gerecht macht vor Gott,
nicht unser Tun oder Lassen.
Darum können wir singen: Ehre sei Gott.

TAGESGEBET

Guter Gott, du hast Johannes in die Welt gesandt,
damit er den Menschen predigte.
Er führte ihnen vor Augen,
wie wenig ihr Handeln oft dem Willen Gottes entspricht.
Aber du bist auch selbst in die Welt gekommen
in Jesus Christus,
der deine Liebe und Vergebung verkündigt hat.
Wir danken dir, Gott, für beides:
die Mahnung zur Umkehr und die Botschaft der Liebe.
Hilf, dass wir beides ernst nehmen in unserem Leben.
Amen.

SCHRIFTLESUNG

Joh 3, 22–30

Wir wollen sing'n ein Lobgesang (EG 141, 1–3)

Guter Gott, wir danken dir, dass du Johannes den Täufer in die Welt gesandt hast. Wenn wir heute seinen Geburtstag feiern, dann denken wir auch an die Menschen, die heute für die Wahrheit einstehen, die auf dich und deinen Willen hinweisen und sich gegen das Unrecht in der Welt einsetzen. Stärke sie mit Mut und Ausdauer.

Wir denken auch an alle Menschen, welche die Botschaft von deiner Liebe brauchen: die Hoffnungslosen, die Schuldbeladenen und die Verzweifelten, die Kranken und die Hilflosen, die Einsamen, die Leidenden. Schenke ihnen neue Hoffnung. Auch wir selbst brauchen wie alle Menschen deine Liebe. Mach uns bereit, sie zu empfangen und weiterzugeben.

Amen.

Predigt zum Johannestag über Jesaja 40,1–8

In den Übersetzungen wird Jes 40,2 wiedergegeben mit: Sprecht freundlich zu Jerusalem. Wörtlich aber heißt es dort: Sprecht zum Herzen Jerusalems! Damit wird zugleich die Zielrichtung des tröstenden Sprechens angegeben und verdeutlicht, was trösten ist. „Trost" und „treu" hängen sprachgeschichtlich zusammen. Die ursprüngliche Bedeutung ist „Kernholz", „Festigkeit". Trost meint: die Mitte eines Menschen, sein Innerstes stärken, ihm innere Festigkeit geben. Die Zusammengehörigkeit von Trost und Herz verdeutlicht ein Gedicht von Hoffmann v. Fallersleben:

„Wie ist der Menschen Treiben mir zuwider!
Aus ihrem Frohsinn saug' ich lauter Schmerz.
Vergebens sing' ich Trost durch meine Lieder,
denn ach! Nicht trösten lässt sich dieses Herz."

Liebe Gemeinde!

Ruf eines Kindes in der Wiege: Bereitet dem Herrn den Weg. Ruf eines Kindes in der Wiege, geboren wohl zu der halben Nacht, da die Tage am längsten waren und die Nächte am kürzesten. Ruf eines Kindes in der Wiege. In den Ohren der Eltern klingt er wieder und schallt durch die Welten bis zu den Ohren Gottes. Nun liegt er da, dieser kleine Rufer und trägt einen Namen, der wie eine Verheißung ist: Johannes – Gott ist gnädig. So trägt er den Namen Gottes in die Welt und wird in der Welt von Gott getragen. Wohin wird Gott ihn tragen, diesen kleinen Rufer? Was wird aus diesem Rufer werden, wenn er größer wird? Was wird aus dem großen Rufer und seinem großen Ruf?

Wir haben es einfach. Wir kennen seinen Weg und sein Ende, wir kennen seine Rufe und seine Taten. Bis heute ist er Johannes der Täufer. Und die Menschen, die ihn erlebten, sahen in ihm erfüllt, was Jahrhunderte vorher ein unbekannter Prophet an den Anfang seines Buches schrieb: Stimme eines Rufers. Es war ihnen, als sei mit dem Täufer Johannes die Stimme des rufenden Gottes wieder zu vernehmen. Alles Hoffen und alle Sehnsucht schien sich zu erfüllen. Alle unruhig schlagenden Herzen würden Ruhe finden.

Ich erlebe oft das andere. „Unruhig ist mein Herz, bis es Ruhe findet in dir!" Ich kenne diese Worte Augustins und weiß, wie sie mein Herz anrührten in angsterfüllten Tagen, da es flatterte wie ein Vogel, gefangen in einem Käfig, die Freiheit ahnend und die tragende Kraft der Winde, aber immer wieder an die Enge eigener Vorstellungen und Vorwände stoßend. Was auf dem Herzen liegt und es schwer macht, ruft und sucht nach Halt und tröstender Geborgenheit, damit es nicht zu Stein werde, sondern wie ein Stein von ihm falle, was zu schwer ist und zu bedrückend. Unruhig ist das Herz, weil es um die Zerrissenheit des Lebens weiß, das abgesondert ist von der sprudelnden Quelle, die den Durst ungestillten Lebens alleine zu löschen imstande wäre. Unruhig ist es, weil es Kenntnis hat von gegangenen Wegen, die im Irrtum endeten. Aufgeweckt aus dem Schlaf der Sicherheit finden wir uns wieder vor all den Trümmern, die einst Heimat und Zufriedenheit versprachen. Unruhig ist es, weil nun durch all die

Lautstärke der vielen Worte die Stimme des rufenden Gottes nicht mehr zu übertönen ist. Die zahlreichen Trostpflaster, aufgelegt zur Beruhigung des mahnenden Gewissens, halfen nicht, besänftigten nur kurze Zeit und versetzten in Schlummer, was doch in die Tiefe stärkenden Schlafes fallen möchte. Aufgeschreckt erwachst du und erkennst als billigen Trost, was gestern noch das Herz wohltönend umschmeichelte. Der freilich ist wohlfeil, der billige Trost, mannigfaltig anzutreffen in den Spruchblasen unserer Betroffenheit vermeidenden Herzlichkeiten. „Es wird schon werden", tönt es, „lass den Kopf nicht hängen", und „stell dich nicht so an!" Die Ohren vernehmen es, der Verstand registriert es, aber das Herz bleibt merkwürdig unberührt. Was trösten soll, muss zu Herzen gehen, wohl auch wehtun und aufrütteln, aber eben nicht nur das. Was heil werden will, muss die Erinnerung zulassen und all die gegangenen Wege, die in Schuld endeten. Rächt sich alle Schuld auf Erden?

Weh tun solche Fragen und Erinnerungen. Worte, die das Herz treffen, rütteln uns durch. Aber wenn wir den Schmerz zulassen, dann wird heil das Zerrissene, wird gestärkt das schwache, unruhige Herz und findet Trost, erkennt ein Mensch sein wahres Wesen. „Tröstet, tröstet mein Volk", spricht euer Gott und unser Gott, spricht dein Gott und mein Gott, spricht der Gott, der gnädig ist und den Johannes in seinem Namen und seinem Rufen und seinem Tun in die Welt trägt.

„Wenn ihr's nicht fühlt, ihr werdet's nicht erjagen,
Wenn es nicht aus der Seele dringt
Und mit urkräftigem Behagen
Die Herzen aller Hörer zwingt …
Doch werdet ihr nie Herz zu Herzen schaffen,
Wenn es euch nicht von Herzen geht."
So heißt es in Goethes Faust.

In der Wüste findet er sich wieder, der Rufer Gottes. In der Wüste fängt der Weg Gottes an. Aus den Wüsteneien des Lebens erklingt die Stimme Gottes. Wozu aber führt Gott uns in die Wüste? Wozu ging Mose in die Wüste, vierzig Jahre, und ihm folgend das Volk, Jahr um Jahr, murrend bisweilen und im-

157

mer wieder besänftigt? Wozu wird Jesus in die Wüste gehen – vierzig Tage und Nächte? Und Gott sagt: In der Wüste bereitet meinen Weg. Das will ich fassen lernen.

Mir genügt nicht die Antwort, dir, o Gott, werde der Wüstenweg geräumt, wie den Königen und Heerführern der Weg durch die Wüste. Das erscheint mir zu vordergründig und oberflächlich. Nicht umsonst werden Wüstenerfahrungen immer dann heraufbeschworen, wenn unser Dasein in die Krise und auf den Punkt kommt. Es scheint so, als seien allein die todesbedrohlichen Erfahrungen der Wüste geeignet, den Notzustand unserer Seele hinreichend auszudrücken und anschaulich zu machen.

Die Wüste ist Hölle und Tod, sie ist der Ort der Wahrheit. Die Gott suchen und von ihm gefunden werden, finden sich in der Wüste wieder. Am Tag die Hitze, die sie austrocknet, in der Nacht die Kälte, die sie erstarren lässt. Zur äußersten Anstrengung wird gezwungen, wer überleben will in dieser mitleidlosen, lebensfeindlichen Umgebung. Als hinderlich wird alles abgelegt, was überflüssig ist. Du erkennst, was Ballast ist, und wirfst ihn ab. Auf das Lebensnotwendige, Elementare beschränkst du dich, bis allein das Wesentliche bleibt, das zu wirklichem Leben unerlässlich ist. Du fängst an, den Wert der Dinge wieder zu schätzen, und in dir beginnt sich eine Sehnsucht zu regen, die ahnt, was wahres Leben sein könnte. Du hörst die Stimme des Rufers und plötzlich verstehst du ihn.

Wenn wir uns buchstäblich vergangen haben, finden wir uns über kurz oder lang in der Wüste wieder. Wozu? Vielleicht, o Gott, ist es dein Wille, dass wir dir dort begegnen. Vielleicht brauchen wir die Stimme der Rufer, damit wir ihr in die Wüste folgen, um dort deinen Weg zu bereiten. Und dann wird die Wüste zum Paradies. Wenn wir gar nicht mehr anders können, als uns selbst, von allen Fassaden befreit, auszuhalten und der Einsamkeit standzuhalten, dann fangen wir gleichzeitig an, Gottes Weg zu bereiten. In der Todesnähe der Wüste fängt Gottes Leben mit uns an. Was alleine zählt im Leben, das tragen wir in uns und beginnen, es in der Wüste zu entdecken. Und vielleicht erwecken unsere Tränen aus dem kargen, steinigen Wüstenboden den Samen, der dort schon lange ruhte und nur auf Benetzung wartete, um keimen zu können. Alles andere geht dann von alleine, ohne mein Zutun, weil Gott es so will, und dann blüht die Wüste. Begehbar werden Pfade, die uns zu steinig erschienen. Berge der Angst weichen, Täler der Furcht lichten sich. In aller Kargheit wird etwas von Gottes Glanz sichtbar. Seine Kraft beginnt spürbar zu werden dort mitten in der Wüste. Und seine Verheißung hat einen Namen: Johannes – Gott ist gnädig.

Was aber weckt der Rufer in der Wüste in uns? Wer von diesem Ort sich den Weg ins Leben bahnt, der weiß um die Vergänglichkeit des Lebens. Unsere Ewigkeitspläne und Allmachtsphantasien sind in Staub zerbröselt, den der Wind in alle Himmelsrichtungen bläst.

Wie in der Wüste, so schlummert auch im Gras der Blumen des Feldes ein Geheimnis, das sich dem erschließt, der in ihnen die Entsprechung zu seinem Leben entdeckt. Wie Gras bin ich, wie eine Blume. Wie die Tage des Jahres bin ich. Wenn ich auf dem Höhepunkt des längsten Tages angekommen bin, wendet sich das Leben unweigerlich zur längsten Nacht hin. In der Hochzeit der Blüte ist das Verwelken nicht mehr weit. Das ist mein vergängliches Leben, und das soll mir genug sein. Angehaucht von Gott leben wir, wandern auf und ab durch die Tage und werden unter dem „Lüftlein des Todes" unser Leben aushauchen.

Zweimal wird uns das Bild der Vergänglichkeit vor Augen gestellt. Doppelt war die Sühne der Schuld, doppelt ist der Trostzuspruch. In der Wiederholung der Naturbilder wird erst die ganze Unausweichlichkeit deutlich. Wir sind ein Teil dieser Natur, eingebettet in diese Welt, dürfen leben und müssen vergehen. Was beim ersten Hören Angst macht, wird beim zweiten Hören zum tröstenden Zuspruch. In all der Vergänglichkeit gibt es einen Halt, in all der Heimatlosigkeit ein Zuhause. Und die Stimme des Rufers erklingt bis in die dunkelste Nacht, da Gott in einem Kind diese Welt zu seiner Heimat macht: Jesus – Gott rettet. Zwei Namen, zwei Verheißungen: Johannes und Jesus, Stimmen Gottes in der Welt, Rufer in der Wüste.

Die in der Wüste den Weg finden mussten, sind gezeichnete – von Gott gezeichnete – Menschen. Aber auf eine eigentümliche Weise ist ihr Herz stark, weil es Trost gefunden hat in dem Glanz und der Beständigkeit Gottes auch und gerade bei aller Vergänglichkeit. In einem Gedicht hat es Arno Poetzsch so ausgedrückt:

Nun stehn wir wieder an der Wende.
Das Licht hat seinen Lauf vollbracht.
Die Sonne neigt sich hin zum Ende,
Zu Tal und Tod und Herbst und Nacht.

Und am Gestirne schaun wir's wieder:
Hier ist des Bleibens keine Statt!
Wir steigen auf und sinken wieder,
Sind heute jung und morgen matt.

Nur Einer wandert durch die Zeiten,
Und Er bleibt immer, der Er ist:
Das Licht der Welt von Ewigkeiten,
Kommt her von Gott, heißt JESUS CHRIST!

Wir nehmen ab und müssen fallen,
Doch Er muss wachsen, immerzu,
Und wo er wächst, bringt Er in allen
Ihr Herz, ihr fragend Herz zur Ruh.

Der dunklen Schwermut tiefes Bangen
Löst er mit seines Glanzes Macht:
Wir sind vom Licht, von Gott umfangen
In Tal und Tod, in Not und Nacht.

Aus: Arno Poetzsch, Von Gottes Zeit und Ewigkeit, Euelnhof Verlagsauslieferung, Hamburg.

Michaelis – Tag des Erzengels
Michael und aller Engel
(29. September)

Zur Bedeutung und Herkunft
des Feiertages

Am 29. September feiern die Kirchen des Protestantismus den *Tag des Erzengels Michael und aller Engel*. In manchen Regionen, so in meiner nordhessischen Heimat, ist dieser Tag seit alters kirchlich begangen worden, und zwar mit einer der vier großen Abendmahlsfeiern. Die Menschen haben sich darauf einen Reim gemacht:

> *Ostern und Michel*
> *gehn die ahlen Brichel;*
> *Weihnachten und Pfingsten*
> *gehn die Allerjüngsten.*

An diesem 29. September wurde auch ein Gottesdienst gefeiert, als der Tag kein vom Staat geschützter Feiertag mehr war. Irgendwann zog dann in die Agenden der Vorschlag ein: „Wenn am 29. September kein Gottesdienst stattfindet, kann der Tag der Engel am vorangehenden oder darauf folgenden Sonntag gefeiert werden", so ausdrücklich in der Agende der EKKW, ähnlich in der Lutherischen Agende. Der auf Michaelis folgende Sonntag ist aber der *Erntedanktag*, wird er doch, einer alten Tradition folgend, am Sonntag nach Michaelis gefeiert, frühestens also am 30. September. Aber auch da gibt es schon Tendenzen in Liturgischen Kammern, den Erntedanktag festzuschreiben auf den ersten Sonntag im Oktober. Hier wird ohne Not ein Stück Kirchenjahr dem Kalenderjahr (und wahrscheinlich auch angeblich ökumenischen Bestrebungen) geopfert. Wird der Michaelistag aber einen Sonntag vorgezogen, so entfällt der für diesen Sonntag vorgesehene Schritt im Kirchenjahr.

Wir stehen wieder vor dem gleichen Problem wie bei Epiphanias und bei dem Johannistag. Sie verschwanden weithin aus der kirchlichen Praxis, weil sie staatlich in vielen Regionen nicht mehr geschützt waren. Mit ihnen verlor die Kirche ein Stück ihrer Identität und ein Stück der Heilsgeschichte Gottes, die wir im Kirchenjahr begehen. Sie werden hin und hergeschoben, verschiebbare Masse, aufgebbar. Um uns vor Augen zu halten, wie es sinnvoller geht, brauchen wir nur auf den Gründonnerstag zu schauen. Der wird leider auch nicht in allen Kirchspielen und Regionen gefeiert, aber die Agenden verzichten klugerweise auf den Hinweis: „Wird der Gründonnerstag nicht gefeiert, so kann er am vorangehenden oder darauf folgenden Sonntag gefeiert werden!" Und alsbald merken wir, wie unsinnig solch ein Vorschlag ist.

In diesen verschütteten Feiertagen liegt eine Chance. Räumen wir den Schutt des Vergessens beiseite, dann öffnen sich die Tore dieser Tage und zeigen uns etwas von ihrem Geheimnis. Dazu laden wir ein, denn gerade am Michaelistag wird nun sehr deutlich, was wir aufgegeben haben in der Kirche, und wie das sich plötzlich in profanem Gewande unter den Menschen tummelt. Ja, es könnte sein, dass die Amtskirchen mit ihren liturgischen Ausschüssen hier auf etwas verzichteten, was im Glauben der Menschen sich hartnäckig hielt: Die Erfahrung, von Engeln im Leben umgeben zu sein.

Werfen wir zunächst einen Blick in unsere Bibel. Das Alte und das Neue Testament kennen den Namen eines Erzengels Michael (Dan 10,13.21; Jud 9; Apk 12,7). „Erzengel" meint in unserer Sprache den „obersten" Engel. Der Name „Michael" bedeutet: Wer ist wie Gott.

In dem apokryphen Buch Tobit begegnet uns der Erzengel Raphael (Tob 12,15). Sein Name bedeutet: Gott heilt.

Im Evangelium des Lukas (Lk 1,26) erscheint der Erzengel Gabriel als Verkündigungsengel. Sein Name bedeutet: Meine Kraft ist Gott. Andere Engelnamen finden sich nicht in der Bibel.

Michael ist im NT der Kämpfer gegen den Drachen (Apk

12,7–10). Diese Notiz der Offenbarung wurde seit dem 6. Jahrhundert als Urzeitkampf Michaels gegen einen anderen hohen Engel gedeutet, der dann zum Teufel wurde. Nach Origenes ist die Aufgabe des Michael, die Gebete der Menschen Gott darzubringen. Diese Nähe der Erzengel zu den Menschen wird in der Engellehre des „Dionysius Areopagita" dahingehend verstärkt, dass er sie in die unterste der dreimal drei Engelgruppen versetzt, wo sie den Menschen am nächsten stehen. Unter den verschiedenen Terminen der Engelfeste hat der 29. September seinen Ursprung in der Weihe der Kirche auf der Engelsburg in Rom und der Basilika des hl. Michael an der Via Salaria nördlich von Rom. Auf der Synode zu Mainz 813 wurde der Festtag des Michael für das Frankenreich auf den 29. September festgelegt.

Michael galt als Schutzengel vor dem Bösen; für den einzelnen Menschen wurde er zum Helfer im Tod. Kapellen auf Friedhören trugen seinen Namen. Die älteste Kapelle steht in Fulda, 822 zu Ehren Michaels neben dem Kloster erhöht errichtet. In diesen Vorstellungen wurde Michael dann zum Seelenwäger. Er hält die Waage für die guten und die bösen Taten und wird so zum Fürbitter für Gottes Gerechtigkeit. Dieses Motiv stammt aus der judenchristlich-apokryphen Literatur des 2. Jahrhunderts, dem sog. Testament Abrahams. Seinen Ursprung hat es in der ägyptischen Religion: Beim Übergang in die Ewigkeit wird das Herz des Menschen gewogen; als Gegengewicht dient eine Feder. Wessen Herz beim Sterben so leicht ist wie eine Feder, der geht ein in die Ewigkeit. Martin Luther zitiert das Sprichwort „schlafen bis Michl tutet" und zeigt so seine Funktion im Gericht an. Ab dem 15. Jahrhundert sind die Vorstellungen von Michael als Drachentöter, Seelenwäger und Teufelsbezwinger verschmolzen. Er gilt als Schutzpatron der Kirche Roms und des *Heiligen Römischen Reiches Deutscher Nation*. Daher kommt wohl auch die Bezeichnung vom „deutschen Michel". Sie taucht zuerst auf bei *Sebastian Franck* im zweiten Viertel des 16. Jahrhunderts und war immer ambivalent, wie der Gebrauch seit Grimmelshausen uns lehrt.[1]

1 Zum Ganzen siehe Annemarie Brückner, Art. Michaelsverehrung, TRE 22, Berlin 1992, S. 717 ff.

Im Verlauf der Reformation gab es unterschiedlichen Umgang mit dem Festkalender. Neben dem Vorwurf der Verweltlichung kirchlicher Feste und der Forderung nach deren grundsätzlicher Abschaffung (Martin Bucer) waren da auch vorsichtigere Stimmen. Philipp Melanchthon führt in seinem *Unterricht der Visitatoren* von 1528 aus: Um der erzieherischen Ordnung willen müssen festgesetzte Sonn- und Feiertage sein. Spürbar wird das Bestreben, sich einmal abzugrenzen gegenüber der römischen Kirche. Dazu dient die Frage, ob diese kirchlichen Feste denn schriftgemäß seien (Heiligenverehrung und Heiligenfeste beispielsweise), und der Hinweis auf ihre Verweltlichung. Zum anderen aber wird deutlich, dass sich in diesen Festen auch ein Stück gewachsener Religiosität ausdrückt.

Was aber geschieht, wenn die Kirche ihre auf biblischem Hintergrund entstandenen Feste aufgibt, wird überdeutlich. Mit der Aufgabe der Feste wandert der Inhalt aus, wird alsbald profanisiert und erscheint mit neuem Gewand unter den Menschen, nun pseudoreligiös verklärt. In der Johannisnacht werden vermehrt „Sonnenwendfeuer" abgebrannt, und die Engel, aus den Gottesdiensten verbannt, erscheinen uns wieder in Werbespots, in der Esoterik-Literatur und der modernen Literatur, im Film (Wim Wenders – Der Himmel über Berlin) und der Popmusik.[2] Die Wiederkehr der Engel in der säkularen Gesellschaft zeigt auf, was wir in Kirche und Verkündigung ohne Not aufgegeben haben. In der Kirche, weil wir nach meinem Eindruck dem Kirchenjahr als der Begehung heiliger Zeit zu wenig Aufmerksamkeit schenken. In der Verkündigung, weil die Engel einem Weltbild zugeordnet werden, das schon R. Bultmann für erledigt erklärte: „Man kann nicht elektrisches Licht und Radioapparate benutzen, in Krankheitsfällen moderne medizinische und klinische Mittel in Anspruch nehmen und gleichzeitig an die Geister- und Wunderwelt des Neuen

---

2 Dieter Heidtmann, Die Engel – Grenzgestalten Gottes, Neukirchen-Vluyn 1999; leider hat er nicht die Pop-Musik mit untersuchen können.

Testaments glauben!"[3] So nimmt es nicht Wunder, dass ein Pfarrer wie ich, in dieser theologischen Tradition groß geworden, erstaunt in der Gemeinde die leisen und vorsichtigen Stimmen von Menschen vernahm, die von ihrem Engel erzählten.

Für die Frömmigkeit der Zeitgenossen blieben die Engel ein Ausweis der Macht Gottes in dieser Welt. Sie teilten damit die Einschätzung von P.L. Berger, der der protestantischen Theologie vorhielt, sie habe sich so weit auf die zeitgenössische Betonung der Diesseitigkeit eingelassen, dass ihr Himmel unter transzendenter Verödung leide.[4] Gottseidank weicht die protestantische Theologie der zentralen Frage der Angelologie nicht aus, wie denn das Verhältnis von Immanenz und Transzendenz zu bestimmen sei. Es ist das Problem, „wie die wirkende Gegenwart Gottes in einem von ihm unterschiedenen und abgegrenzten, ‚geschöpflichen' Bereich zu verstehen ist."[5] Wenn Gott sich aber, in Jesus Christus Mensch geworden, auf diese Weise offenbart, braucht es dann noch die Engel? Notwendig sind sie nicht, aber möglich. „Gott braucht keine Engel, um sich Menschen zu offenbaren und der Mensch braucht keine Engel, um die Zuwendung Gottes in Jesus Christus wahrzunehmen. Die Engel sind ein Ausdruck der Fülle der Präsenz Gottes in seiner Schöpfung, eine Hilfestellung für uns Menschen, ein Hinweis auf die unendliche Liebe Gottes, weil sie in ihrem Dienst die besondere Zuwendung Gottes zu jedem einzelnen Teil seiner Schöpfung widerspiegeln und weil an ihrer Gegenwart das Wirken Gottes in seiner Schöpfung auf ganz persönliche Weise erfahrbar wird."[6] In diesem Sinne ist über jedes Kräutlein ein Engel gesetzt.[7]

3 Zitat bei Heidtmann, a.a.O., S. 1.
4 So nach Heidtmann, a.a.O., S. 1.
5 Heidtmann, a.a.O., S. 144.
6 Heidtmann, a.a.O., S. 198.
7 Heidtmann, a.a.O., S. 198 Anm.12 mit Hinweis auf den Ursprung dieses ZitateS.

Liturgie zum Tag des Erzengels Michael und aller Engel

SPRUCH DES TAGES

Der Herr hat seinen Engeln befohlen, dass sie dich behüten auf allen deinen Wegen. (Psalm 91,11)

LITURGISCHE FARBE

Weiß als Symbol des göttlichen Lichtes.

LIEDER

Heut singt die liebe Christenheit (EG 143)
Gott, aller Schöpfung heilger Herr (EG 142)
Großer Gott, wir loben dich (EG 331)
Dass du mich einstimmen lässt in deinen Jubel (EG 580 Ausgabe Kurhessen/Waldeck)

LESUNGEN

Lukas 10,17–20
Offenbarung 12,7–12a (12b)
Josua 5,13–15
Psalm 91 (EG 736) im Wechsel

PREDIGTTEXT

Apostelgeschichte 5,17–21 (22–27a) 27b-29

KYRIE

Der Engel des Herrn lagert sich um die her, die ihn fürchten, und hilft ihnen heraus (Psalm 34,8). In dieser Gewissheit lasst uns Gott anrufen.

GLORIA

Siehe, ich sende einen Engel vor dir her, der dich behüte auf dem Wege und dich bringe an den Ort, den ich bestimmt habe (2. Mose 23,20). Lasst uns Gott lobsingen mit allen Christen auf Erden und allen Engeln in den Himmeln.

GEBET ZUM TAGE

Deine Engel, mein Gott, dienten Jesus in der Stunde der Versuchung. Lass sie auch bei mir sein in meinen Versuchungen. Dein Engel stärkte Jesus in der Stunde der Todesnot. Lass ihn auch mich stärken in meiner Todesnot. Das bitte ich dich durch Jesus Christus.

GEBET NACH DER PREDIGT

Wenn der Engel des Herrn zur Nacht an die Mauern unserer Angst rührt, dann wird es hell in den selbst gezimmerten Gefängnissen. Dann öffnen sich Türen, und Wege werden sichtbar, wo vorher alles verbaut und vernagelt erschien. Dann werden wir erschrecken vor Furcht und staunen vor Freude. Dann spüren wir, dass wir geführt werden vom Engel Gottes in den Dunkelheiten, die uns umgeben. Frei werden wir sein, wie auf Engelsflügeln getragen werden wir gehen, wohin wir geführt werden. Dann wird es sein, als umgebe uns hier schon der Himmel, und wir spüren eine Geborgenheit selbst an den Rändern des Lebens. Und so werden wir unsere Stimme erheben und einstimmen in den Lobgesang der Engelschöre.

FÜRBITTEN

Gott, sende deine Engel, dass sie alle dunklen Mächte vertreiben.

Gott, sende deine Engel, dass sie uns beschützen auf unseren Wegen.

Gott, sende deine Engel, dass sie die zerrissenen Herzen heilen.

Gott, sende deine Engel, dass sie die niedergeschlagenen Gemüter stärken.

Gott, sende deine Engel, dass sie deinen Frieden in alle Länder der Erde bringen.

Gott, sende deine Engel, dass sie den Mächtigen Wege weisen zur Gerechtigkeit.

Gott, sende deine Engel, dass sie uns in den Kirchen den Lobgesang wieder lehren.

Gott, sende deine Engel, dass sie uns hineinnehmen in ihren himmlischen Chor.

Gott, sende deine Engel, dass sie uns ermutigen, dir mehr zu gehorchen als den Menschen.

Gott, sende deine Engel, dass sie uns dein Wort verkündigen, damit wir deine Boten werden.[8]

BLITZLICHTER ZUR PREDIGT

- Ihr Ungeübten, die in den Nächten nichts lernen.
  Viele Engel sind euch gegeben. Aber ihr seht sie nicht.

Nelly Sachs

- Schick
  deinen engel
  zur nacht

  gib
  träume
  zum reich

  und
  ein aufstehen
  zu dir
  Rudolf Bohren

Der Engel in dir
  Der Engel in dir
  Freut sich über dein Licht
  Weint über deine Finsternis

8 Nach einem Gebet aus der Agende der EKKW, S. 497.

Aus seinen Worten rauschen
Liebesworte
Gedichte Liebkosungen

Er bewacht
Deinen Weg

Lenkt deinen Schritt
engelwärts.
Rose Ausländer

Predigt zum Michaelistag über Psalm 34,8

Der Engel des Herrn lagert sich um die her, die ihn fürchten,
und hilft ihnen heraus.

Osternacht in unserer spätgotischen Kirche. Zwei Frauen haben sich in der finsteren Nacht auf den Weg gemacht zum Gottesdienst. Nun sitzen sie in dem dunklen Gotteshaus nebeneinander, geben sich etwas Wärme und Nähe, ertragen die
Dunkelheit und fliehen nicht vor ihren Gedanken. Eine der
beiden Frauen schaut zu den drei großen Fenstern im Altar-
raum. Kaum wahrnehmbar sind sie, nur schemenhaft zeichnen
sie sich ab vom Mauerwerk und vor dem noch nicht begonne-
nen Ostermorgen. Da – zwischen dem mittleren und linken
Altarfenster – zwei Engel. Erschrocken schließt sie die Augen
und öffnet sie gleich wieder, als traue sie dem Gesehenen nicht.
Aber die Köpfe der beiden Engel sind immer noch zu sehen. Es
scheint, als sprächen sie still miteinander, betrachteten uns am
heiligen Ort der Kirche und erfreuten sich an unserem Gottesdienst. Ihre Augen können sich nicht von den Engeln lösen
und alles um sie herum versinkt. Nur sie und die beiden Engel
sind wirklich. Und dann, als das erste fahle Licht des herauf-

dämmernden Ostertages durch die Altarfenster fällt, schauen die Engel noch einmal in unser Gotteshaus, und lächelnd entschwinden sie.

Ein halbes Jahr später ruft sie mich an. „Ich wollte es Ihnen schon lange erzählen, aber ich habe mich nicht getraut", sagt sie. „Auf dem Heimweg habe ich meine Freundin gefragt, ob sie auch die beiden Engel gesehen habe; aber die war ganz erstaunt und verneinte es. Ich bin schon in vielen Kirchen gewesen", fügt sie hinzu, „aber Engel – so wie in der Osternacht – habe ich in noch keinem Gotteshaus erlebt. Ich habe schon manchen Anlauf gemacht, jetzt musste ich es ihnen sagen. Was meinen Sie denn dazu?" „Gibt es etwas Schöneres, als an dem heiligen Ort unserer Kirche sich Gott zu nähern und dabei von Engeln umgeben zu sein?", antworte ich ihr.

Was diese Frau in dem Gottesdienst erlebte, ist wie die Erfüllung der Verheißung, die Gott uns gegeben hat:

Ich werde einen Engel schicken, der dir vorausgeht.
Er soll dich auf dem Weg schützen
und dich an den Ort bringen, den ich bestimmt habe.
Achte auf ihn und höre seine Stimme.
(2. Mose 23,20.21)

Dankbar nimmt sie die Worte in sich auf. Aber da ist noch eine letzte Frage: „Warum hat meine Freundin die Engel nicht gesehen?"

Mit dieser Frage rührt sie an ein Geheimnis der Engelerscheinungen. Dieses Geheimnis stellen uns die Erzählungen des Alten und Neuen Testaments vor Augen. Sie lüften es nicht. Sie beschreiben es. Sie erzählen von Engelerscheinungen, Engelbegegnungen und Engelverkündigungen. Es ist ein Kommen und Gehen der Engel. Ihre Erscheinungen wollen kein Ende nehmen. Aber wir können uns der Engel nicht bemächtigen, indem wir sie unserem Verstand untertan machen. Die Wirklichkeit der Engel spielt sich nach der Bibel auf der Ebene des *persönlichen* Erlebens ab. Das ist das Geheimnis. Da sitzen zwei Menschen zur selben Zeit am selben Ort. Der eine erlebt zwei Engel, der andere nicht. Der eine sieht, was dem anderen verborgen bleibt. So ist das Geheimnis.

Glücklich die Frau, die ihre beiden Engel sah – zur heiligen Zeit am heiligen Ort. Auch wenn wir heute von dem Geheimnis der Engelbegegnungen noch nicht alles verstehen, so wird doch die Zeit kommen, da wir besser verstehen werden.

Vielleicht hängt so manches im Umgang mit den Engeln und der Religion damit zusammen, dass wir zu sehr unseren Augen trauen und zu wenig mit dem Herzen sehen. Neben der sichtbaren gibt es eine unsichtbare, aber wahrnehmbare Welt, die sich in Visionen und Bildern, in Symbolen und Chiffren kundtut. Zu dieser Welt öffnet die Religion Türen und Fenster. Es ist die Welt Gottes. Und die Engel sind die Boten der göttlichen Welt, sind buchstäblich Grenzgestalten Gottes. Sie sind die *Boten des göttlichen Schweigens*, wie es in dem Buch *Die Hierarchie der Engel* heißt, das um 482 nach Christi geschrieben wurde unter dem Namen des Dionysius Areopagita.

Diese Boten des göttlichen Schweigens fanden immer wieder menschliche Augen und Ohren und Herzen, um sich ihnen mitzuteilen. Daneben aber wuchs – auch in den Kirchen – die Zahl der Menschen, die meinten: „Weil ich die Engel nicht sehe, gibt es sie auch nicht!" Der größte Kirchenmusiker aller Zeiten, Johann Sebastian Bach, fühlte diesen Zwiespalt, in dem die Engel immer mehr in den Hintergrund treten. In einer Kantate (BWV 19) zum Fest der Engel, dem Michaelisfest, schrieb er eine Arie für den Tenor:

Bleibt, ihr Engel, bleibt bei mir!
Führet mich auf beiden Seiten,
Dass mein Fuß nicht möge gleiten.
Aber lernt mich auch allhier
Euer großes Heilig singen
und dem Höchsten Dank zu bringen.

Zu hören ist ein deutliches Flehen von ergreifender Innigkeit. Die Musik unterstreicht mit all ihren Tönen die bittenden Worte. J. S. Bach erspürte, dass der ganzen Christenheit etwas Zentrales verloren zu gehen droht: Wenn die Engel verschwinden, dann bleiben wir Menschen verlassen zurück, allein, uns selbst überlassen, ohne ihren Schutz und ihre Hilfe. Ein schweres Unheil für unser Leben und unsere Seelen.

Sind die Engel erst aus dem Glaubensleben der Kirche verdrängt, weil sie nicht mehr wahr genommen und tot geschwiegen werden, dann tauchen sie außerhalb der Religion auf. Erinnert sei an den Film von Wim Wenders: *Der Himmel über Berlin*, und an die vielen modernen Schriftsteller, die den Verlust der Engel beklagen. Und dann bemächtigt sich die Werbung der Engel. Religiöse Bilder werden verkaufsfördernd eingesetzt. Die Werbefachleute wissen, wie sie über die Engel die Seele der Menschen erreichen. Sie nützen das schamlos aus und wir lassen uns davon verführen und ahnen nicht einmal mehr, was wir verloren haben, als wir begannen, dem Diesseits mehr zu vertrauen als der göttlichen Welt und so die Engel aus unseren Gottesdiensten heraushielten.

Wie sehr das über Jahrzehnte geschehen ist, zeigt folgende Beobachtung: Unsere Kirche hat einen Tag im Kirchenjahr, der für die Engel vorgesehen ist. Es ist das Michaelisfest. Das hat die Reformation beibehalten. Ja noch mehr: Eine der vier Abendmahlsfeiern im Jahr war an „Michel". Der 29. September ist der Tag *des Erzengels Michael und aller Engel.* Aber es nahm nun auch schon vor Jahrzehnten seinen Anfang, dass an diesem Tag kein Gottesdienst mehr gefeiert wird, es sei denn, er fiel auf einen Sonntag. Mit den Engeln sich abzugeben erschien „katholisch". Ein Gemeindeglied hat es vor kurzem auf folgende Formel gebracht: „Engel ist auch so was Katholisches; wir Evangelische haben mit Engeln nichts im Sinn!" „Und was ist mit deinem Schutzengel?", habe ich ihn gefragt. „Ist dein Schutzengel evangelisch oder katholisch?"

Die Engel haben mit Konfessionen nichts am Hut. Schon gar nicht mit ihren Streitereien. Vermutlich schütteln sie nur ihren Kopf darüber, worüber sich Religionsgemeinschaften den Kopf zerbrechen und sich gegenseitig die Köpfe blutig schlagen. Und dass sie darüber ihren Kopf verlieren und nicht mehr bedenken, dass die religiösen Wahrheiten älter sind als alle Konfessionen. Aber die Engel freuen sich über jeden Menschen, der sich ihnen öffnet.

Werfen wir einen Blick in die Bibel und folgen ihrem Fingerzeig zu den Engeln. Der Anfang der Bibel erzählt von Schöpfung und Paradies. Mit dem Paradies sind auch die Engel gegeben. Sie tragen einen Namen: Cheruben. Mit flammendem, leuchtendem Schwert bewachen sie den Zugang zum Paradies, dem Garten Eden, und zum Baum des Lebens (1. Mose 3,24). Am Ende der Bibel, im Buche der Offenbarung des Johannes, kniet der Seher vor dem Engel Gottes, der ihm den Blick in den Himmel geöffnet hat (Apk 22,6.8), wo er Gott sieht, der abwischen wird alle Tränen von den Wangen der Menschen, die ihr Paradies verloren haben.

Dazwischen finden sich beeindruckende Erzählungen, wie Menschen ihrem Engel begegneten. Dem Erzvater Abraham fällt der Engel des Herrn in den Arm, als er seinen Sohn Isaak opfern will (1. Mose 22,10–12). Im Traum sieht der Erzvater Jakob die Himmelsleiter, auf der die Engel Gottes auf und nieder steigen (1. Mose 28,12.13). Und wieder ist es Jakob, der eine Nacht hindurch mit dem Engel Gottes ringt. Nach diesem Kampf zieht er gesegnet, aber humpelnd durch sein Leben. Diese Erzählung ist ein Bild dafür, dass wir in unserem Ringen mit Gott nie müde werden oder gar vorzeitig aufgeben dürfen und immer wieder von vorne beginnen müssen. Und wer mit Gott gerungen hat, der ist ein von Gott Gezeichneter.

Oft genug haben wir das Leben satt. Wenn es ganz schlimm kommt, wünschen wir uns auch schon einmal: Am liebsten wäre ich tot. So ging es auch dem Propheten Elia. Aus Angst vor dem Leben flieht er in die Wüste und verkriecht sich unter einem Wacholder, um zu sterben. Es ist sein Engel, der ihn immer wieder anrührt und aufmuntert für seinen langen, schweren Lebensweg (1. Kön 19). Steinig ist der Lebensweg oft genug. Manchmal straucheln wir und fallen wie der Seher Daniel. Und dann ist da die Hand eines Engels, die uns anrührt und uns aufhilft, und liebevoll spricht er mit uns (Dan 10,10.11).

Es ist der Prophet Jesaja, der am heiligen Ort im Tempel in den Himmel schaut. Dort sieht er die sechsflügligen Seraphen: Mit zwei Flügeln bedecken sie ihr Antlitz und verdeutlichen uns, dass auch die Engel den Glanz Gottes nicht sehen können und dürfen. Mit zwei Flügeln bedecken sie ihre Füße, das heißt ihre Scham und zeigen damit, dass auch die Engel schamvoll und ehrfurchtsvoll vor Gott treten. Mit zwei Flügeln fliegen sie und ehren damit Gott. Gott die Ehre zu geben hat also etwas von der Leichtigkeit und Beschwingtheit eines Flügelschlages an sich. Und einer ruft dem anderen zu: Heilig, heilig, heilig ist der Herr Zebaoth, voll seiner Ehre sind alle Lande (Jes 6,1–3). Der zweite Vers des Gesangbuchliedes „Großer Gott, wir loben dich" *(EG 331)* besingt diese Vision:

> Alles, was dich preisen kann,
> Cherubim und Seraphinen,
> stimmen dir ein Loblied an,
> alle Engel, die dir dienen,
> rufen dir stets ohne Ruh:
> „Heilig, heilig, heilig!" zu.

Das Engelbuch des Alten Testaments ist die tröstliche Tobiaslegende. Sie steht in den Apokryphen zum Alten Testament. „Das sind Bücher, so der Heiligen Schrift nicht gleich gehalten, und doch nützlich und gut zu lesen sind", so Martin Luther. Von Tobias verabschiedet sich der als Reisebegleiter verkleidete Engel am Ende mit den Worten: „Gott hat es so haben wollen, dass ich bei euch gewesen bin; den lobet und dem danket" (Tob 12,18). Dieser Engel trägt einen Namen: Raphael, und der Name Raphael bedeutet: Gott heilt! Auch einen anderen Engel der Bibel kennen wir mit Namen: Gabriel. Sein Name bedeutet: Meine Stärke ist Gott. Er ist der Verkündigungsengel (Lk 1,26–38): Er verkündigt der Maria die Geburt ihres Sohnes Jesus. Bei Jesu Geburt singen die Engel: Ehre sei Gott in der Höhe und Friede auf Erden bei den Menschen seines Wohlgefallens (Luther übersetzte: und den Menschen ein Wohlgefallen). Diesen Engelgesang nennen wir das Gloria. Wir singen das Gloria (fast) jeden Sonntag im Gottesdienst in der Liturgie zur Ehre Gottes.

Es ist der Engel Gottes, der Joseph, dem Vater Jesu, im Traum zwei Mal erscheint und den drei Sterndeutern aus dem Morgenland den Weg weist (Mt 1 und 2).

Zwei der eindrücklichsten Engelbegegnungen berichtet das Neue Testament aus dem Leben Jesu.

Nach seiner Taufe im Jordan durch Johannes den Täufer schreibt der Evangelist Markus (1,12.13): Und alsbald trieb ihn der Geist in die Wüste; und er war in der Wüste vierzig Tage und wurde versucht von dem Satan und war bei den wilden Tieren, und die Engel dienten ihm. In wenigen Worten ist eingefangen der ganze Lebenskampf eines Menschen mit seiner wilden, tierischen Seite und den vielen verlockenden Stimmen, die uns immer wieder auf uns selbst hereinfallen lassen. Und doch sind da diese stillen, lichten göttlichen Gedanken in uns, die uns wie Engel zu uns selber bringen. Es ist so, als würde in diesem Lebenskampf sichtbar, was der Beter des Psalmes 91 so beschrieb:

> *Denn er hat seinen Engeln befohlen,*
> *dass sie dich behüten auf allen deinen Wegen,*
> *dass sie dich auf den Händen tragen*
> *und du deinen Fuß nicht an einen Stein stoßest.*
> *(Psalm 91,11.12)*

Plötzlich wird spürbar, was es heißt, vom Schutzengel zu reden. Vielleicht sollten wir noch hinzufügen: der Schutzengel ist ein Begleitengel. Und wir müssen auch sagen, dass beschützen nicht heißt, wir bleiben von allem Schweren im Leben verschont. Der Schutz Gottes und seiner Engel ist, dass sie mit uns gehen, und sei es durch die Höllenqualen des Leides. Beschützen ist mitgehen, nicht alleine lassen, trösten und stärken für die Lasten des Lebens.

Davon erzählt die zweite Engelbegegnung. Als Jesus im Garten Gethsemane auf dem Boden liegt und mit Gott und dem Tod ringt, da, so erzählt der Evangelist Lukas, erschien ihm ein Engel vom Himmel und stärkte ihn (Lk 22,43). Der große Maler Rembrandt hat diese Worte mit wenigen Strichen in einer Zeichnung verdichtet. Vor unseren Augen wird sichtbar, was es heißt, von dem Engel gestärkt zu sein: Er spendet uns Kraft und gewährt uns Trost.Er hält uns und umfasst uns mit seinen Armen. Zugleich wird in diesem Augenblick deutlich, was eine alte Legende erzählt: Der um die Seele des Menschen besorgte Engel schreitet hinter einem jeden von uns her. Und erst in der Todesstunde kommt er uns unerwartet von vorne entgegen. Der Engel der Todesstunde (manche sagen auch der Todesengel) ist nicht der Engel, der den Tod bringt, sondern er stärkt und tröstet uns in der Todesstunde. Im Glauben an den unsichtbaren Begleiter schlummert eine beispiellose Güte und ein Trost ohnegleichen. Das gibt uns die Kraft, selbst die Todesstunde zu ertragen.

Deshalb erscheint den drei Frauen in der Osternacht am Grabe Jesu der Engel Gottes und zeigt ihnen den Weg zum Leben auch durch den Tod hindurch. In der Auferstehung werden wir Menschen wie die Engel sein. Darüber sind sich die drei Evangelisten Matthäus (22,30), Markus (12,25) und Lukas (20,36) einig. Wir finden das gleiche Erleben in den Worten des dänischen Religionsphilosophen Sören Kierkegaard. Auf dem Sterbebett sagte er einem Besucher: „Ich habe das Gefühl gehabt, Engel zu werden und Flügel zu bekommen!" Da kennt einer die harten Glaubenskämpfe und Anfechtungen und hat dabei seinen Engel lieb gewonnnen, der ihn begleitete und stärkte.

Das Kennzeichen der biblischen Engel ist ihre Unheimlichkeit. Deutlich ist es in dem Psalmvers gesagt: Der Engel des Herrn lagert sich um die her, die ihn fürchten. Gemeint ist damit ihr Erscheinen in göttlichem Glanz und mit der Kraft Gottes. Wo wir Menschen dem Göttlichen begegnen, werden es immer zwei Gefühle sein, die zugleich in uns groß werden: Wir werden fasziniert sein, richtig gebannt, als erlebten wir etwas in dieser Welt, das außerhalb der Welt seinen Ursprung hat. Und wir werden Furcht spüren, weil die Kraft Gottes uns umglänzt. Es ist nicht eine unbestimmte Angst, die sich in uns breit macht, sondern Ehrfurcht, weil wir erkennen, wer wir sind und wer Gott ist. Deshalb sagen die Engel jedes Mal bei ihrem Erscheinen zu uns Menschen: *„Fürchte dich nicht"* Von ihrem Erscheinen geht ein Furcht erregender Glanz aus, der auf uns erschreckend wirkt. Aber der Schrecken in der Nähe der Engel ist heilsam, denn oft genug ist ihre Botschaft voller Freude (Lk 2,10). Die Engel der Bibel sind beides, schrecklich und freudig. Und dieser Gegensatz umreißt die göttliche Sphäre, der sie angehören und in die sie uns hinein nehmen.